JN178860

風蘭

岡　潔

角川文庫
19629

まえがき

「春宵十話」でお話しましてから一年たちました。しかし、その後の世のありさまはあまり変わっていない。多くの人は、人には心があることを忘れてしまっているように見えますし、教育もこんなことを続けているとどうなるのだろうというような教え方を変えようとはしません。

それでわたしは、わたしの心持ちを少数の人にでもよいから一度沁々《しみじみ》聞いていただきたいと思うようになりました。この小冊子は、わたしが講談社の藤井和子さんに話しましたのを、そのまま活字にしたものです。

「教育はどうすればよいのだろう」と、「女性と情緒」とはだいぶ重複しますが、わたしのそのときの意識の流れをそのまま残すほうがよくわかっていただけると思いましたから、手を加えませんでした。書名は、

深山木の梢に生ふる風蘭《ふうらん》の香り床しみ文に名づけつ

このお話をしたころは夏でした。この本のさし絵をかいてくださった河上さんにいただいた鉢《はち》の風蘭の繊細な白い花が見事に咲きにおっていました。いまは、その風蘭も枯れ、そのつぎにいただいた盾形の懸崖菊《けんがいぎく》も枯れ、そのあとにいただいた梅の鉢植が新春を待ちかねてだいぶふくらんでいます。

そのあいだにこのくににもいろいろなできごとがありました。そのおもなものを二、三拾ってみたいと思います。

三歳児の四割が問題児という厚生省の発表がありました。みなさんもそうでしょうが、わたしはこの悪い知らせがこんなに早く来ようとは予期しなかったので、寝耳に水のように驚きました。問題児というのは、夜尿症を除いて、医者が見てひじょうに目につく欠陥のある子という意味ですから、このまま行くと、六十年後の日本には、ちょっと乗りこせそうもない、きびしい寒さが来るということになります。ここで凍えてしまわなければ、一陽来復も期しえられるでしょうが。

テレビでこういうことを聞きました。「文部省の事務次官は、大学の入試を全国一本にすることにきめ、試験問題は能力増進テスト研究所に依頼してある。近く実施しようとして、いまそれに反対する大学を説得することにおおわらわになっている。」なんということでしょうか。みなさんもそうだと思いますが、わたしは耳を疑いました。いま、世のおかあさん方は上ずって目が血走っています。このことは、どんな本がどんなによく売れるかを見れば明らかです。こんなときにこんなことをいうと、おかあさん方は二、三歳の幼児に、人為的、側頭葉的早教育を競って施すでしょう。その結果の恐ろしさは、わたしには想像がつきません。わたしは、「為《な》すと為さざるとはわれにあり。」と思っています。

暮れ近く大阪の六中学生が、出世街道を歩かされるのがいやだといって、集団で家出しました。人の家を見ればわかるように、人は隙間に住むのであって壁に塗り込められて住むのではありません。また出世街道は修羅道《しゅらどう》です。わたしは気概のある子どもたちがまだ残っていたことをうれしく思いました。わたしたちがこの年ごろだったころ、ある少年雑誌に載っていた新体詩にこんなのがありました。

小川の水はぬるみたり、日は晴れ空は薄みどり、
つぐみやひはや鶯や、さやかに遊ぶ弥生月《やよひづき》、
萌《も》えよ萌えよ春の草、生ひよ生ひよ野辺の草、
新し夢をはぐくみて、春のいのちを伸ばせかし。

一九六三年暮れ　　　　岡　潔　識

目次

著作権継承者の了解を得て、文庫化にあたりさし絵は割愛いたしました。（編集部）

こころ

ちかごろアメリカにジャンポロジーという学問——跳躍学とでもいうのでしょうか——ができて、こういう本が出ている、といって見せてもらいました。これは、ある週刊誌の記者が東京からふたり来て、それを見せてくれたのです。それで、写真にとりたいからとんでくれ、とわたしにいうのです。

なさけないことを頼まれるものだ、犬に頼んでくれないかなあ、と思ったのですが、東京からわざわざ見えたのだから、それじゃとぼうかな、と思って外に出ました。

すると、近所のなじみののら犬がやってきて、いっしょにとんでくれたのです。

こののら犬は、食べものはわたしのうちではなく、どこか近所をまわってもらって食べているらしい。しかし犬ですから、やはりどこかに飼われている、と思いたかったのでしょうか。それで、そちらの感じをかなえるのに、わたしのうちを選んだようです。

夜は縁の下にはいって寝ます。戸をあけると、すぐ尾をふってはいってこようとします。だれか散歩に出れば、きっとついてきます。めちゃめちゃに尾をふって、いっしょに散歩します。

こういうふうにたくさんの家を集めて、けっきょく一つの家のようにつくりあげているのら犬です。

わたしはこの犬が飼われているという実感のわく家をほしがり、わたしのうちをこんなふうにたよっているのだから飼ってやらないか、といったのですが、犬を飼うといろいろとわたしにはよくわからない弊害がともなうらしく、家内と末娘が反対するのです。だから飼ってやるわけにもいきません。

しかし、なんとかしてやりたいな、と思っていました。おおげさにいうとそれが負担になっていました。

さてわたしがカメラに向かっていやいやにとんだところ、その犬も来てとんだのです。それが、すこしおくれてとんだものですから、写真にはまさにとぼうとしているところがうつっています。それがひどくいいのです。

やがてその週刊誌を見た人たちのあいだで評判になりました。つまりいちばんよくとぼうとしているのは犬である、ということになったのです。

こうしてだいぶん有名になったおかげで、近所のうちの一軒で飼ってやろうということになりました。それで、わたしもおおげさにいえばすっかり重荷をおろすことができ、やはりとんでよかったと思いました。

こんどは飼いねこのことをすこし。

その女子学生は、いろいろと基本的なことを聞くのが好きなのです。わたしが教えている奈良女子大数学科の学生です。あるとき、その女子学生といっしょに歩いていると、ねこの子が捨ててありました。

それを見て、

「先生、ねこの子が捨てられているところに行き合わせたら、どうすればよいのですか。」

と、たずねました。

わたしはそのときどう答えたか覚えていませんが、これは説明するとともにそのとおりしなくては仕方がないので、わたしはその子ねこを拾いあげてうちにつれて帰りました。つれて帰ってすぐ牛乳《ちち》をやったのですが、なかなかうまく飲んでくれなくて困ったことを覚えています。そして、ずるずると飼ってしまうことになりました。

名前はミルクで育てたのでミルとつけました。

ミルは変わったねこでした。

とくにわたしによくなつき、わたしが立ち上がると畳からかけ上がってひょいと左肩にとまるのです。

わたしはへやの中を歩くとき、ミルを左肩にとまらせていることが多かったものです。

そのころ、わたしのうちには息子にふたりの娘とみんなそろっていました。そして、寝床を広く横に敷いて寝たものですが、ミルはお産をするときその寝間にはいって子を生みました。

こんなねこはめったにありますまい。

食事のときはかならずわたしのひざに来ました。食卓のおかずが刺身なら刺身を一切れやりますと、食べてニッと口のまわりの筋肉をゆるめ、ちょっとうれしいような表情になります。

わたしはふと考えました。

ミルはいったいもらう刺身そのものがうれしいのだろうか、それとも刺身をもらうことによって、かわいがってもらっているということを確認して満足しているのだろうか。

そこで、どんなふうにためしたか忘れましたがとにかくためしてみました。そうすると、ミルは刺身が目的ではなく、きょうも刺身をくれるというわたしの行為を確かめたいのだとわかりました。

ミルもだいぶうちのものとなじみ、仲よしになったころでした。わたしは、おまえに一つ人間のことを教えてやろうということで、どうしようかと考えた末に庭のばらのところへつれていきました。南側の、わたしが花園と呼んでいるすこしの空地です。そのすみにちょうどばらが咲いていました。

かかえられて足をだらっと下げたかっこうでおとなしくしているミルに、わたしはきれいなばらを見せてやりました。そうすると、ちょっとかぐまではおとなしくしているのですが、すぐ、フンと横を向いてしまって、そのあとはどうしようもありません。

これはやってみなければ実感が出ませんが、とにかく、とりつくしまがないとはこのことだと思いました。ねこにばらをいくら教えようとしてもだめです。

そこでわたしはつくづく思いました。ねこがねこであることを抑止してくれなければ、ねこにばらはなんとも教えようがない。

そのうち、ミルの死ぬときが来ました。ひどく弱ってきたのです。

そのころ、わたしはひとりで奥の間に寝ていました。いつも寝床で考える癖があるので床は敷きっぱなしですが、その朝はすこし寒かったので、二枚続きの毛布を二つ折りにし、その間にはいって考えていました。

するとミルが障子の外に来て中にはいろうとしているのがわかりました。障子に穴があっていつもそこをとびこえて中にはいるのですが、もうとびこむ力がないらしい。障子をあけて入れてやると、どうも毛布の中にはいりたそうなようすをします。

わたしはミルを毛布の中に入れてやり、いつものように学校へ出かけました。そして、帰ってきたときは、ミルは毛布の中で冷たくなっていました。

ねこはふつう死に場所をけっして人に知らさないといわれていますのに、このねこはわたしの寝間に死に場所を求めて、わざわざもどってきたらしい。

犬とねこのことを話しましたが、こんどは人の話をしましょう。

ところで、わたしはいくら名前をお聞きしても、きれいさっぱりと忘れてしまう癖があります。この方のお名前も忘れてしまったのですが、ともかく、のちに偉い禅師になられた人がありました。昭和にはいってなくなられた方です。

いよいよ、その方が六つになり修行に旅立つというときおかあさんがこういわれたそうです。

「もしおまえがりっぱに修行し世の中にもてはやされるようになったら、なにもわたしのところへ会いになんかこなくてもよい。けれども、もし失敗して世間につまはじきにされ、だれもおまえをいれてくれない、というようなことになったら、そのときはわたしを思い出してわたしのところに帰っておいで。」

お坊さんは修行を積んで、だんだん偉くなり、悟りもひらき、地位も曹洞宗《そうとうしゅう》の名門である東京芝《しば》の青松寺《せいしょうじ》というお寺の住職になられました。

そのあいだに三十年の歳月がたったのです。

そうしたところへ禅師の故郷《ふるさと》からたよりがあって、おかあさんが年をとり、もうこのごろでは床につききりというありさまだから一度会いに帰ってほしい、といってきました。

禅師はさっそく生まれた家に帰られたのですが、おかあさんは寝床から禅師の顔を見て、

「ほんとにおまえに会いたかった。三十年のあいだわたしは一度もたよりはしなかった。しかし、一日としておまえのことを思わない日はなかった。」

そういわれました。

天と地

わたしは「こころ」で三つのお話をしましたが、これはどれもみんな信頼するという気持ちをいったのです。

ここでいっている信頼するというのは疑いをおこさないということです。「信じる」ということの究極はぜんぜん疑いがおこらないということなのです。

ここにわたしの家の花園があります。花はいま一つもありませんが、目の前にみどりの花園がある、と思ってください。そうすると、これは「ある」としか思えないでしょう。感覚があって、それに判断がともなうというだけではありません。だから正確にいえば、それらに加えるに「ある」という実感があるのです。つまり、存在感があるのです。

ところで、あなたの肉体もあります。これも、いろいろなせんさくを抜きにして、いまある、としか思えないですね。それで、いちおうこれも存在感があるといえます。

そうすると、目の前のみどりの花園も存在感、あなたの肉体も存在感です。しかし、この二つの存在感は同じですか。なんだかちがいます。

みどりの花園は、さやかに「ある」。しかし、自分の肉体はあり方がなんだか濁って「ある」。そのように思えるでしょう。

もうすこしことばを加えますと、花園がある、というのは、「ある」ということに対して、疑いがおこらないのですね。

ところが、肉体がある、というほうを仔細《しさい》に見てください。「ある」ということに疑いをおこしそれをひじょうに強く打ち消して、「ある」と思うのです。

そうなのです。この二種類の「ある」があるのです。

さやかに冴《さ》えた「ある」と、否定を打ち消している「ある」です。

一つは光の「ある」、もう一つは、影の「ある」です。影は存在しませんが、しかし、存在するともいえる、その「ある」です。

そのみどりの花園がある、という「ある」が冴えてくると疑いがまったくおこらない。そんなふうな「ある」です。これだけが「ある」という感じなのです。そうしますと、「あるような気がし」たらもうそれでじゅうぶんあることが信じられます。それを確かめたりしません。

確かめるというのは、疑いをおこしてそれをより強く否定する。そうしてはじめて「ある」と思うことです。

そういうあり方だけが、たしかにあることだとたいていの人は思っています。

しかし、それは影の「ある」であってその影をとってしまえば、はじめは「あるような気がする」だけですが、それをじっとよく見ているともっとあるようになるのです。だんだんはっきりしてきて、あるという疑いをともなわない実感になるのです。

人と人とのつながりもそうです。真のつながりは、これを一度疑いそれをより強く否定する、という形式で、確かめたりはしません。それが心の紐帯《ちゅうたい》です。

この「ような気がする」というのをたよりなく思って、影の「ある」を目標にしていたのでは、真・善・美どの道においても向上というものはありません。向上するほど「ような気がする」が自明な「ある」になってくるのです。疑いをおこしてそれを強く打ち消す、という形式ではけっしてそうはなっていかないのです。

なにかいちいち文字に書き表わして、それに認め印までおしてもらわなければ承知できない、そのようにしてはじめて安心するというふうなつながりでは、つながっているということの実感はけっして出てきません。

もう一度いいますと、さきのみどりの花園があるという「ある」と自分の肉体があるという「ある」とは、ことばとしては同じですが、実はまったくちがったものです。

ここの境めがひじょうに大事なところです。さやかにあるという「ある」を「ある」と思っていると軽く澄んで天となり、疑いを強く打ち消す形の「ある」を「ある」と思っていくと重く濁って地となります。だから天地はこの線で分かれるのです。

このけじめがすこしでもわかるような気がしてくれれば、それがあなたの心の夜明けなのです。

いのち

わたしはいま、「いのち」についてお話しようと思っているのです。「いのち」とはどういうものかをいおうとしているのではありません。その感じのものをたどってお話を進めてみようと考えているのです。

情緒と創造

目のまえには、わが家の花園と呼んでいる小さな庭があります。いまは五月です。ダッチ＝アイリスが終わってぼたんのつぼみがふくらんでいる。

これが一つの見方、知的な見方です。

それから、ダッチ＝アイリスの葉はみどり、ぼたんの葉もみどり、ダッチ＝アイリスの花は青、ぼたんのつぼみはやや赤みをおびている。

これがもう一つの見方、感覚的な見方です。

この二つが、ふつうわたしたちの住んでいる世界、理性の世界の見方です。しかし、それ以外にも見方があります。

その一つは、いま見ている花園を存在感と見る見方です。

たとえば、なにか冷たいものがあります。それに指先を当ててみてください。まざまざと冷たいでしょう。

指さきを離してみてください。

いま感じた冷たかったという記憶だけがあるでしょう。この記憶は、さきのじっさいに当てたときの感じにくらべると夢まぼろしのようなものでしょう。

さきのには、まざまざとした実感がありました。この実感を存在感といっているのです。自然はたしかにある、としかだれにも見えないようですが、それは、この実在感からきているのです。その実在感と見る見方があります。

まだあります。これはいままでだれもいっていないと思うのですが、わたしは、これを情緒と見るのです。

それでは情緒と見る見方というのは、どういうことでしょうか。

たとえば、すみれの花を見るとき、あれはすみれの花だと見るのは理性的、知的な見方です。むらさき色だと見るのは、理性の世界での感覚的な見方です。そして、それはじっさいにあると見るのは実在感として見る見方です。

これらに対して、すみれの花はいいなあと見るのが情緒です。これが情緒と見る見方です。情緒と見たばあいすみれの花はいいなあと思います。芭蕉《ばしょう》もほめています。漱石《そうせき》もほめています。

ところが、なぜ、いいなあと感じるのかだれにもわかりません。ですから、すみれの花を情緒と見たばあいこの情緒は一つの先験観念（一八四ページ参照）です。

わたしたちの価値判断は、ほんとうはこの情緒から来ているとわたしは思うのです。わたしだけが主観的なことをいっていると思われたくありませんので、ほかの人たちがどういっているかを聞いてみようと思います。

ところで、情緒が一つの先験観念として価値判断の基礎になっている、というようなことに言及しているものは仏教以外にはないのです。文化・宗教を通じて仏教以外にはない。

仏教でどういっているかといいますと、実在感ですが、これは、大自然（一七八ページ参照）の一つの智力に由来していると説いています。この大自然とはどういうものか。

自然をふつうに見ますと単に自然が見えるだけです。しかし、仔細《しさい》に見ますといちいちいかにもふしぎなのです。

たとえば、かぼちゃの種です。あの種にはどういう力が秘められているかというと、それを土にまきますとその時期が来れば芽が出る。そして、ふしぎな生長の仕方で大きくなり、秋には実がなってそれがみのってしまうと枯れます。

あの小さな一粒の種は、やく半年後の変化までその中に秘めているのです。このようなものを人はつくることもできなければ、説明することもできません。

わたしたちは、このつくれそうもないことわかりそうもないことに目をふさいでいるがゆえに、すべて知っているように思いますが、仔細に見ると自然はこのようなふしぎにみちているのです。

このふしぎまで見ることのできる人が自然を見ますと、単に自然を見ているだけではなく自然あらしめているものも同時に見ているのだといえます。

この自然と自然あらしめているものとを合わせて大自然というのです。大は、大きいではなく、絶対という意味の形容詞なのです。

わたしたちが花園を実感と見たり、あるいは情緒と見たりすることを可能ならしめているものを、仏教では大自然の叡智《えいち》（一八〇ページ参照）であると見ているのです。これは、単に智力と呼んでもいいのですが、ほかのものとまちがわないためには真智と呼びます。この真智のうちで実感あらしめているものを、平等性智《びょうどうしょうち》（一八〇ページ参照）というのです。

それから、情緒と見させているものは、これを大円鏡智《だいえんきょうち》（一八〇ページ参照）といいます。情緒は大円鏡智に由来するがゆえに先験観念なのです。しかし、自然を大円鏡智と見る見方は、口に出してはだれも明らかにしていないようです。ところで、わたしはそれをやってみたいと思います。

さきに、かぼちゃを例にして自然のふしぎについて述べましたが、もう一つのふしぎがあります。まことに人とはふしぎなものです。

わたしがふらっと立ち上がります。——ホラ、立ち上がったでしょう。これはわたしが立とうと思ったのです。そんなふうな気分で立とうと思ったのです。これは一つの情緒です。立とうと思うと、四百いくつかの筋肉が、同時に統一的に動いて、じっさい立ち上がるという動作を実現します。

ところで、その動作自身ですが、これは、はじめの立ち上がろうとしたときの気分を、寸分たがわず四次元的に物質（肉体）によって表現したものです。

つぎに、そのはじめの立ち上がろうという気分ですが、これは一つの情緒（意志的情緒）です。だから、情緒がただちに物質によって四次元的に表現されたことになるのです。

どうしてこのようなことができるのかはまったくわかりませんが、わからなくてもたしかにできるのです。このほうは、日常たえず経験していることで疑う余地はありません。

これはなにも、立ち上がる動作だけではありません。総合的な意志を働かせるといつもなにか全身的な動作がおこるのですが、そのときはみなこうなるのです。

わたしたちは、それを意識していないのですが、きわめて具体的に情緒を物質にする。つまり、物質によって四次元的に表現する力をもっています。

簡単にいえば、わたしたちは、情緒をただちに物質に変えることができるということです。

仏教の修行で、大自然の理法を悟るという悟りの位があります。無生法忍《むしょうほうにん》（一八五ページ参照）といわれているきわめて高い悟りの位です。

したがって、現在生きている人の中でその悟りを得ている人にはめったに会うことができないのですが、人は無意識のうちにこの無生法忍を得ているから、ただちに情緒を物質に四次元的に変えることができるのだ、とわたしはそういいたいのです。

もし、その悟りを得ている方がいま生きておられるなら、わたしはこう思うがといってお聞きするのですがそういうことはできない。

ところで、人が無意識的に無生法忍を得るのはどれくらいでできるかというと、生後だいたい八か月です。

それから、わたしは数学をやっているのですが、ふしぎなことにそれと同時に数《すう》の観念がすでにわかっていることが観察されるのです。

数とはどういうものかというと、つまるところ無生法忍を得なければ、ほんとうにはわからないのではないか。わたしはそう思うのです。

ところでわたしは数学をやっている関係から、数の観念が出る以前よりも、出てからあとのほうに注目しますが、人のおいたちでいえば生後八か月で無意識的に無生法忍を得ます。

そのあとの二十四か月のあいだに、その人が一生使うほどの情緒的たくわえを用意するように見えます。

そこで、八か月以後の二十四か月間がよく知りたいのです。

しかし、この無生法忍という悟りを得ている人がすでに少なく、越えていられる人はめったにいない。

生きているそういう方には会えないのです。

この二十四か月を知っていられる方が古来何人かおられたでありましょうが、それを文章として残されたものはないかと探してみますと、ほとんどないのです。

おそらく、仏道修行をすすめる目的で多くの方々はお働きになったのでしょうから、八か月以後の二十四か月間がどうなるかということはいう必要がないわけで、したがって、なにもいわれなかったのだと思いますが、たった一つだけわたしの求める文章があるのです。

それが、道元《どうげん》禅師の「正法眼蔵《しょうぼうげんぞう》」です。

これは、わたしはひじょうに貴重な文献であり、新しくひらいていく文化の分野の先達はこの人だと思っています。

わたしは数学をやっています。数学の研究とはどういうことをしているかといいますと、情緒を数学という形に表現しているのです。

どのようにして表現しているか、というところはわからないのです。無意識の無生法忍を使うわけです。つまり、発端と結論がわかっていて中がわからないのです。大自然にまかせて、その理法によって表現します。

古人は、理法といえば法のあるところかならず行ないうると考えていたから、力という意味になるのです。

赤ん坊がその情緒を自分の肉体に表現します。これなら三十二か月で全部できるようになります。その赤ん坊は一生それをひきのばしてやっていくのです。

わたしは数学をやっているので数学のことをいったのですが、数学だけでなく学問・芸術みなそうであろうと思います。すなわち真・美になりますが。善だってやはりそうだろうと思います。

大自然の理法のほうは、これはとうてい人の力のおよばないことですから、しかもそれは大自然がやってくれるのですから、大自然にまかせておくのがよいと思います。

そこで、人がいちばんしなければならないことはなにか。

その情緒をきれいにすることです。その情緒ですが、わたしは情緒を「いのち」の一片だと思っているのです。

情緒の濁り

さきに大自然の叡智を述べてこれを真智といいましたが、最初にダッチ＝アイリスがとか、その花は青でとかといいましたが、これを分別智といいます。理性の世界の智は、みな分別智なのです。

それから、ふつう自我といって自分と思っているものですが、その自分とはなにかと聞かれると答えられません。にもかかわらず、人は自分というものがはっきりあると思っています。

それでご想像がつくでしょうが、これは本能なのです。

自分と人との区別があると思い、人を捨てて自分を取るということも進んでする。そういう本能なのです。自我といっているものの正体がそれです。仏教ではこれを無明《むみょう》といい、生きようとする盲目的意思だと教えています。

この自我が智力にまじると、もはや分別智より悪くなります。すなわちこれは邪智です。すべて智ということばでいっていますが、知情意のいずれにも真智・分別智・邪智の区別があるのです。

とくに情緒(感情の意味が自然に盛られている)でいいますと、これは喜怒哀楽の波とお思いでしょうが、喜怒哀楽も悪いものばかりとはかぎりません。

しかし、ふつうは悪いのでこれは邪智なのです。

これは情緒と呼ぶべきではなく、情緒の濁りと呼ぶべきものなのです。この情緒の濁りを情緒だと思って、情緒そのものに反対している人がよくあります。しかし、情緒というのはもともと定義のないことばなのです。

情緒の濁りはいけない。

情緒は喜怒哀楽によって濁ります。とくに、人を恨むというようなことをするとひどく濁ります。

それで、大自然の理法は大自然にまかせてしまいます。そこは人にはやれないし、また、大自然がやってくれるのでまかせておいていいのです。それでは、人はなにをすればいいか。

その情緒を、できるだけ清くし、美しくし、深くすることです。なかでも深みをつけていく。これが大事です。真・善・美とやり方は分かれていますが、どの道にせよ、ひっきょうそういうふうにつとめるべきなのです。

これが人類の向上だと思うのです。

星雲以来の向上

ラテン文化をふりかえってみますと、その源はギリシアですが、そのころは昼の時代だとみな思っている。それに続く二千年のローマ時代は、これを夜の時代だとみな思っています。

この夜のあとに来たのが文芸復興期で、そのあいだが四、五百年。これは昼の時代だとみな思っています。

これを一日にたとえますと、だいたい二十時間が夜で、昼が四時間ということになっていたようです。

ところで、いまの世相は、ローマ時代とひじょうによく似ているようにお思いになりませんか。つまり、いまは闇の時代にさしかかっているのです。この夜がまえのとおりだとすると、この闇は二千年続きそうなのです。続きそうというよりも、続くと予想するのがいちばん確からしい。

しかし、ローマ時代はさいわいなことに自然科学がなかったのです。だから二千年も続きえたのです。ところがいまはそうではありません。二千年はおろかはたして三百年も地球上に生物がもつかどうか、それすらあぶないと思います。

なぜか。

コッホがインドの沼を原産地とするコレラ原虫を発見した。これはまことに自然科学の夜明けであって、すがすがしいものだと思います。

ところが、その自然科学は、まもなく世界的な戦争を始めることができる準備をしてしまいました。そして、じっさいに始めました。その緊張は、以後だいたい五十年間ゆるまず続いています。

さらにこれをくわしく見ますと、第一次大戦の直後、アインシュタインやド゠ブロイがともに光のことを調べたのですが、相ついでノーベル賞をもらいました。それが一九二〇年代です。そして、広島に原爆が落とされたのが一九四五年です。そのあいだ、二十五年もかかっていません。

いまは宇宙時代といって、「宇宙時代と思索」というような標題の哲学書も出ていると聞いていますが、この宇宙時代というのは原爆の延長です。

こんな速さで、いやこういう加速度で行ったら、おそらくあっというまに地上の生物は消えてしまうだろうとそう思うのです。

これでは、闇がおのずからなくなって、光がふたたび来るのにまかせておくわけにはいきません。

ここで、闇と光とが死の戦いを戦うのでなければ、すべてはおしまいになるのではないか。星雲が太陽系となり、太陽系が地球を生じ、地球の上に生物を生み、生物が人となり、そして人に文化が生まれていく。こういうようにせっかく進んできた進化は、ここで打ち切られるのではないか。

わたしはそう思っているのです。

このさきどうなっていくのかまったくわからないが、この星雲以来の向上が、わたしには「いのち」の顕《あら》われであるように思われるのです。

文化と悦び

この「いのち」の内容が、人の真の悦《よろこ》びだと思います。そして、その心の悦びをかてとして、わたしは数学をやっているのです。

心の悦びには、だいたい二種類あります。一つは生命の充実感がもたらすもの、もう一つは発見の鋭い悦びです。

この発見の鋭い悦びは、まるでなにか砂糖分が体内に長く残っているといった感じの悦びなのです。

このことに言及している文献がたった一つあります。それは、漱石先生がなくなるという年の夏、和辻哲郎《わつじてつろう》氏に書いた手紙です。書簡集に出ていますが、こんなふうなことをいっていたと思います。

「自分はこのごろ、午前中の創作活動が午後の休息のときの肉体に悦びをあたえるのを例としている。自分は、芸術はここまでこなければうそではないかと思う。」

池の底

数学の研究は、もちろん、うまくゆくときばかりとはかぎらないのです。ポアンカレーは、数学上の発見のことをくわしく書いています。これはそこをよく見れば、数学というものを産み出し作り出すためにどのような智力が働いているかが、よくわかるのです。

もし、研究全体を木の枝ぶりを見るように見ようというのでしたら、むしろ、困ったときをよく見たほうがわかりやすいと思います。

そう思いますから、ここでは、困ったときのことをお話してみようと思います。

水滸伝

なんでも長くやっていますと行きづまる時期というものがあるものですが、数学のばあいはそれが完全に破りようのない壁のようなものに見えるのです。これからさきへは、人の智力ではとても研究を進めることができないにちがいない。そんなふうに思えるのです。何度も行きづまっては打開するのですが、新しく行きづまるたびに、やはりかならずそう思うのです。

そういうときどうするかといいますと、わたしはたいてい「水滸伝」を読むのです。ときによっては「三国志」も読むし、もっとまれには「真書太閤記」も読みますが、この三つ以外のものはあまり読みません。多くのばあい「水滸伝」を読むのです。

なぜこういうことになるのかという続きぐあいは、自分でもあまりよくわからないのですが、わたしとそういうものとの関係は、高等小学校時代にさかのぼるのです。

わたしは中学入試に失敗して、高等小学校へ一年行ったのです。そのとき、いまいった「水滸伝」とか「西遊記」とかそういった、長い興味のある物語をずいぶん読みました。そしていま、こんなふうに考えています。

読書力のうちには速く読む力もふくまれている。その力をつけるには、小学校に引き続く一、二年間に長いおもしろいものを読ませるのがよいのではあるまいか。

自分のことをふりかえってみますと、だいたい小学校のころは情緒のできあがる時代、それから中学校から高等学校にかけては知性とか意志とかができあがっていく時代のようです。なかでも、中学校時代には知性とか意志とかについて、夜がまさに明けようとしてなかなか明けきらない長い朝ぼらけのような時期です。

そういう時期に興味深く読んだ関係でしょうか、いつも数学の研究が行きづまると、「水滸伝」・「三国志」・「真書太閤記」などを読みたくなるのです。

「西遊記」を読まないのは、手元になかったからでしょう。

なぜ「水滸伝」をいちばん余計に読むのかはよくわかりません。このまえ行きづまったとき読んだのだから、こんどは「三国志」にしようかと思うのですが、二つの行きづまりがあまり接近していなかったら、また「水滸伝」を読もうというように「水滸伝」を読みます。

西洋流の心理学で無意識といいますと、まったく暗くてわからないことかと思います。しかし、「水滸伝」をいつも選ぶことはわかっているけれども、なぜ選ぶのかわからないというふうなのも相当の無意識なのです。

ですから、無意識というのは、ものそれ自体が暗くてわからないのではなく、現在との続きぐあいがわからないのです。

道元禅師が「正法眼蔵」の「心不可得《しんふかとく》」（一八二ページ参照）で書いておられるのがこの無意識のことで、心不可得というのが正しいのではないかと思います。ともかく、なにかすることはわかっている。しかし、なぜそうするのかはわからない。わからないことは全くわからない。だから、そこがまっ暗であるという意味のようです。

さきの三つの物語のうち、とくになぜ「水滸伝」を選ぶかということも推測にすぎないのですがこんなふうに思うのです。

ちかごろ京都の博物館に行ってみたことがあります。ちょうどそこに室町時代の絵がそうとう陳列されてあって、その中で宋ふうの絵を見たのです。

すると、その画ふうが妙に楽しくて「水滸伝」が連想されてきました。「水滸伝」は宋の時代にできたものではありませんが舞台は宋なのです。

漱石が、「大阪の裏町で、夏になると縁台で涼んでいる。そういう風情を見ていると、九紋龍史進《くもんりゅうししん》が大はだぬぎですわっているような気がする。」といったようなことを書いていたかと思います。なんだか宋ふうを模した室町の絵には、そういう庶民的な楽しさがあるのです。

数学の壁に突き当たって、もうどうにもならないという心の状態のときに、「水滸伝」は、ちょうど読むともなく読むのにふさわしいからではなかろうか、そういった庶民的な楽しさにふれたくなるからではなかろうか、そう思っています。

ドストエフスキー

どんなときでも、行きづまればかならず「水滸伝」を読むかというと、そうばかりではありません。ほんとうに〝刀折れ矢つきた〟状態のときに読むので、そうではないときはむしろその反対のことをします。

まあ、いろいろなことをするのです。

まず、心を引き立て引き立ててやろうとする。そういうときどうするかといいますと、いちばん文学の助けを借りるのです。研究の壁に突き当たったときに、海の魚が真水の中に入れられてぐんにゃりしているときに一つまみの塩をあたえられるという働きを、ある種のすぐれた文学がしてくれるのです。

そしてわたしにとって、ドストエフスキーがもっともその目的に合っていたのです。ドストエフスキーの中では、とくに「白痴」がいちばん力になります。あまりこのことに気づいておられない方があるのではないかと思うのですが、ともかくドストエフスキーはたいへん励ましになるのです。

あるページをひらき、そして読みます。わずか一ページのちにはどういうことがおこるかまったくわからない。これが「白痴」です。つまり、未来そのものです。そういう点において最大の傑作は、ドストエフスキーの「白痴」です。

そこでは完全に行きづまっていると思うのに、つぎのページになるとまったく新しい道がひらけてくる。文学でさえこんなふうにやっているのに、数学がこんな壁ぐらい突き破れないなどというようなだらしなさでは仕方がないと思ったりして、勇気をふるいおこしてまたやるのです。

わたしはなにもはじめから「水滸伝」を読みたいわけではないのです。「白痴」のような作品で力づけてほしいばあいがいちばん多いのです。しかし、そういう励みになる文学書は存外少ないのです。そういう文学の助けを借りたいとき、もし古本屋があるところなら端から端までたずねて歩きます。

ところでわたしのばあい、数学の研究をしていて、行きづまりがおこった場所には、そんなにたくさん古本屋はありませんでした。

学生あがりのころ、もっと簡単な研究をやっていたころもやはり行きづまりはありました。それはひじょうな行きづまりではなかったけれども、やはり鼓舞してくれるものがほしかったのです。

人はこういうことがやれるのだ、という実例を示してくれるような文学書がありそうなばあいには、わたしは、京都の丸太町《まるたまち》通りの古本屋を端から端まで見て歩きました。しかし、なかなかありません。

ドストエフスキーと完全に反対の傾向をもつのがトルストイです。これは、駅をおりたらもう突き当たりまで見える町のようなもので、こんなところを、なぜわざわざ歩いてみたくなるのだろうとふしぎに思います。

わたしだけでなく、科学者にはトルストイをきらう人がわりあい多い。これは、形式論理の予想の範疇《はんちゅう》にあるようなことを、ただ文学的描写のために書いてみがきあげ、きれいに書きあげるというふうなことを喜ばない科学者が多いということだろうと思います。

かつて、オットー＝ラポルテという、理研に光の研究に来ていたドイツの物理学者も、やはり、トルストイがきらいだといっていました。

ある友人

わたしは京都大学を卒業したあとも、四年間京都にいたのですが、終わりの二年は植物園前に家を借りて住みました。植物園を歩くのが好きだったから、あそこを選んだのです。

そのころ、ドストエフスキーのひじょうに好きだった人と友人になりました。森君というのですが、はじめは早稲田の文科を出て、文学者になろうと思っていました。

ところが、ドストエフスキーをていねいに読んだのです。するとまるで深淵《しんえん》をのぞくような感じがする。自分なんか、とうていおよばない、文学なんかやるべきではないと思ってやめてしまい、本屋の主人かなんかやっていました。

この森君は、ドストエフスキーが好きな点でわたしと同じであるだけでなく、芥川《あくたがわ》も好きなのです。わたしが植物園前に住んだはじめの年のある朝早く、

「岡《おか》さん、たいへんだ、たいへんだ。」

といって飛びこんできました。

「なんだ。」

「芥川が死んだ。」

これくらい好きだったのです。

ふだんよく碁を打ったのです。

森君とは、わたしと碁を打ちたいからということで、人を介して知り合ったのです。そのころのわたしは数学のうえではだいたい行きづまっていたのですが、軽い行きづまりですから、やはりこういうふうな傾向の人と碁を打つのが好きになったようです。

あるとき、昼まから打ち始めて夜になりました。さあこれから落ち着いて打とうという

ことになったのですがたばこが一本もなくなった。たばこなしには打てない、しかしどうしても打ちたい。

そこで考えまして、三条《さんじょう》だか四条《しじょう》だかの遊廓《ゆうかく》のあるところまで行けば、あそこはきっと起きているから、たばこ屋も起きているだろうと、電車もなかったので、ふたりで歩いていきました。

はたしてたばこ屋は起きていて、バットを思いきりたくさん買いこんで、ふたりはまた歩いてもどりました。

こういうふうに気が合っていたので、行きづまったときは、そういう友だちがあればそういう人と碁を打つことが、ちょうど気持ちに合うわけです。

たばこを用意し碁盤を出して、さあこれから打とうというときは、実にたのしかったものです。

森君はそのうち来なくなりました。

やがて戦争が始まりました。支那《しな》事変だったかと思います。そのころ、みんな日本のことをやかましくいいますし、わたしも知らないからいろいろ知りたいと思って、心斎橋《しんさいばし》近くの小さな本屋へ行って、そういうものを岩波《いわなみ》文庫で集めて買おうとしました。

ちょうどそのとき、その森君に出会いました。

「どうしてその後来なかったのか。」

と聞くと、

「敷居が高くて行けなかった。」

といいます。たぶん、わたしから借りたインバネスを質に入れたところ、出すことができなくて流れてしまったためだろうと思うのです。

そんなふうなわけで、だいぶ久しく会わなかったのです。

それで、どこかへ行こうということになりました。じゃ、行きなれた植物園がよいということで、わざわざ京都へ出かけ植物園にはいりました。

わたしたちがそこで長々と話し合ったことは、芥川は一口にいうとあれは詩である、ということでした。

芥川の作品は詩であるといっても、漢詩の詩でもないし、当時そう呼んでいた新体詩の詩でもありません。どっちかというと、漢詩のほうに近いのですが、それではどんなものかといわれると、わたしたちふたりにはわかっていたのですがどう答えてよいか。

わたしにはむしろふしぎに思えるのですが、たいていの人は詩というと、新体詩だと思うようです。

しかしわたしは、あんなものは詩という感じがぜんぜんしないのです。詩は、それと反対のもののような感じがします。

それではどんなものを詩と考えるか一例をいいますと、芥川に「戯作三昧」というのがあります。その中に渡辺崋山《わたなべかざん》が出てきて、滝沢馬琴《たきざわばきん》に自分の描いた絵をあげるといって持ってきて、その絵をふたりでひらいて見る場面があります。その絵は蕭颯《しょうさつ》とした秋の気が充ちている、そんなふうに書いてあると思います。

それが詩的精神というものなのです。芥川はいつもそれを書いている。

しかし、あの詩というのは、つまるところなんのことだろうか。森君とわたしはそんなことを話し合ったのです。

だからそういうたちの人と碁を打つのを好むというのが、だいぶん行きづまったときの状態なのです。

鳴門の潮

こういうこともありました。

これも完全に行きづまったときのことでした。その行きづまり方はといいますと、いまの数学の知識の状態で数学がわたしにこの問題を解けというのは、まるで、歩いて海を渡れというようなものだと思って腹を立て、すぐそれから思いついて、「一つ、海を渡ってみよう。」ということになりました。

もちろん、歩いてではありません。ときは秋で、台風が大阪湾《おおさかわん》に来ると予報が出ていたので、これはいいあんばいだと思ったのです。一つ台風の荒れ狂う鳴門《なると》の潮を乗りきってみよう。そう思って船に乗ったのです。

しかし、台風はそれてしまって、けっきょく見てきたのは、春の海のように静かな鳴門の潮でした。

そういうこともあったのです。

ついに行きづまっては「水滸伝」を読んではいますが、行きづまるというのは、実は、引き張った弓のような状態に住み続けているのでしょう。

発見直前の状態

わたしはいま、あるきまった一つの標題のもとに、1、2、3、……と番号を打って論文を書いています。その一つを書くまえのありさまを、「発見の鋭い悦《よろこ》び」という文章にしたことがありますが、行きづまりについて語るばあい落とせない経験ですから、ここでもう一度簡単に繰り返します。

一九三四年の末、わたしが研究したいと思っていたものの文献目録のようなものが出ました。わたしはそれをさっそく買ってきて、翌三五年の正月二日から読み始めました。そして、二か月ほどかかってその文献を調べ終わりました。

それからのち三か月ほど、いろいろな計画をたてて研究しました。最初の手がかりがほしかったのですがどうしても得られませんでした。

そうしますとそのつぎですね。つぎの三か月になりますと、やろうという意志だけが残っていてもうやることがない。

その三か月の終わりごろは、友人に来ないかと誘われていて北海道大学にいました。応接室を借りていたのですが、ソファーもたくさんありました。

そこで十分ほどやろうとしてみるのですが、なにしろぜんぜん試みようとする計画がたたないのです。

あるのはやろうとする意志だけですからどうしても眠くなる。それで、ソファーで寝てしまう。

理学部の応接室でそんなことをやっていましたので、すぐに知れて評判になって、ある口の悪い女性から、嗜眠性脳炎《しみんせいのうえん》という綽名《あだな》を頂戴《ちょうだい》しました。

そんなふうにしてその三か月が過ぎ、やろうと思い立ってから、通算八か月たってしまったのです。

夏休みも過ぎますし、勤め先の広島へもう帰らなければなりません。

そのような時期のある朝、たしか九月四日だったと思うのですが、最初の発見がおのずから行なわれたのです。

だから、発見の直前がいちばん行きづまった時期なのでした。わたしはそのときどうしていたかといいますと、うつらうつらと寝ていたのです。どんな荒唐無稽《こうとうむけい》な実験をしてみようにも計画しつくして、もうやりようがないというほど行きづまっていたのです。こういう行きづまり方もありました。

完全に壁でさえぎられてしまっていると思っているときに、行く手がぽかっと開ける。これが発見です。その発見の仕方が意外だというだけではなく、数学上の発見ということがあるというのも意外なのです。

数学の研究というものは、こんなふうに伸びるものです。それは植物でいうと、かぼちゃの伸び方にいちばん似ています。ぴょいぴょいと意外なところで伸びるのです。連続的に、ただ、だらだらと伸びるのではありません。

人の知能の伸び方もまた、これに似ているようにわたしには見えます。つまり、つぎつぎに偶然がおこるというような伸び方をするように思われます。

そのため予測の許されない、未来そのもののような文学書をわたしは好むらしい。

わたしはさきに、数学の研究という木の枝ぶりを知るには、行きづまりのところを見ることだといいました。行きづまり方が枝ぶりをつくっていくのです。

漱石が死ぬまえに芥川にあてて書いた手紙に、「人は、牛のようにやらなければだめだ。」といっていますが、わたしも、数学を牛のようにやってきたようです。

わたしは漱石の教訓に従ったわけではありませんが、いつも行きづまる期間が長いので、けっきょく牛の歩みを続けたことになるのです。牛のように歩け、ではなく、歩かざるをえなかった。

長いあいだ、まえに進もうとしても、進みようがないと思っていたのが、ぽかっと道が開ける。それはちょうど、長く追い求めた碧条揚羽《あおすじあげは》が、目のまえにとまっているのを見つけたときのような悦びかもしれません。

情熱の三原色

台風の鳴門の潮を乗りきろうというのはこれは情熱です。ところで、芥川が死んだとき、横光利一《よこみつりいち》がこんなことを書いていました。

「文壇に三原色がある。佐藤春夫《さとうはるお》が青、里見弴《さとみとん》が黄、芥川は赤である。その三原色の一つが欠けたのである。しかもこれはかけがえのない赤である。」

わたしはこれを一見、意外と思いました。しかし、じっと見てみますとなるほどそうだと思われてきます。なぜそう思えるのでしょうか。

三人とも情熱家なのです。ところが、その情熱の種類がちがうのです。横光はそれを三原色でいい表わしたのです。

里見弴の情熱は、強く引きしぼった弦楽器の音色のような、そういう種類のものです。佐藤春夫のは、「侘しすぎる」とか「厭世家の誕生日」とか「秋刀魚の歌」とか、ああいうふうにうたわれているような情熱です。そういう場所に使われた（男性の女性に注いだ）情熱です。

ところが、芥川の情熱はそうではない。

芥川のは、こうした里見や佐藤のとはまた別でした。

芥川がいよいよ文学をやろうと決心したとき、ちょうど友だちと東京の郊外を散歩していました。そのとき、「雨あがりの水たまりがあって、切れた電線が垂れさがって、紫の火花が散っていた。」のです。

芥川は、

「他のなにものを捨てても、この紫の火花だけはとっておきたい。」

と思った。これが芥川の芸術の本質なのです。

芥川の仕事のすべり出しは、自分でも意外なほどすらすらといきました。しかし芥川は、美そのものを把握したいという熱意に燃えていました。

ところで、真・善・美というものは、もともと、それがあるという感じだけが強くなり、したがって、それを追い求める熱意だけはだんだん強まっていきます。そして真・善・美そのものの姿は、反対にだんだんわからなくなっていくもののような気がするのです。

むかしから、真・善・美をはっきり把握した人というのがいるでしょうか。

芥川も、美それ自体の姿はついに把握できませんでした。そのことをいろいろのもの、たとえば「尾生の信」などには正面から書いてあります。「東洋の秋」には感じだけを書いていますし、「西方の人」には、感じが情緒的によく出ています。「西方の人」の終わりのところの、「土砂降りの雨の中に、中空で折れてしまったはしごがななめに立っている。」などというのはほんとうにそんな感じだった。ですから、芥川全体に出ているものは美を追い求めてやまない情熱なのです。横光利一がいった赤い色というのは、こうした情熱だったと思います。わたしたちはそれを赤い色と感じるのです。

教育はどうすればよいのだろう

小学校以前

あまりにも知らなさすぎる

大自然は人の子を生むだけではありません。

これを育てます。

これがほんとうの教育です。人はその手助けをします。

これを人は教育といっていますが、ほんとうは教育の手助けなのです。けれども習慣に従ってこれを教育ということにします。

その教育というと、もちろん人のする手助けの部分ですが、それをどんなふうにやればよいかと自問してみますと、どうしてよいかすこしもわからないのが現状であるということに、だれでも気づくでしょう。

あまりにも知らなさすぎる。

ちゃんと教育するためには、そのまえに準備として、じゅうぶん大自然のやり方による育て方を研究しなければいけない。

しかし、人の教育は一日も捨ててはおけない。少なくとも現状では、しばらく待ってほしい、といっても待ってくれない。

だから、この現在の知識の範囲内で、できるだけよい教育を考えて、そしてそれを実施しなければならない。

いわば、教育の自然像の素描を大急ぎで描き上げることが要求されている。

これが現状です。

教育の自然像の素描

で、こういう状態において、わたしは、去年一度、教育の自然像の素描をしました。それは「春宵十話」に書いてありますからお読みになってください。

しかしそれから一年、わずか一年間ですが、なにしろ大急ぎの素描ですから、もうすこし正確な像を（もちろん教育の自然像を）書いてみたい気持ちになってきています。

第二次素描

それをこれからやってみようと思うのです。

この日本には四季がありますから、何月生まれの数え年いくつといわなければ不正確だと思いますし、教育を始めてからあとは四月に入学ときまっているのですから、なおさら数え年でないと意味がないと思います。

それで、いくつといえば、すべて数え年のいくつという意味である、と思ってください。いちいち数え年とつけるのはわずらわしいのでつけませんから、四月に生まれたと思ってください。

なぜ四月にしたかというと、わたしは四月十九日に生まれたのです。そして自分については内面的にわかっていますが、他人については内面的にはそれほどよくわからないので、最初は自分を尺度にとらなければならないところがいろいろあるからです。

生後八か月

生まれて四十日たつと目が見え始めます。このときは「見える目」一色《ひといろ》です。

しかし六十日になりますと、もはや、目を二色《ふたいろ》に使いわけます。「見える目」と「見る目」です。母親の顔を見るときは、「見える目」で見ます。他人の顔を見るときは、「見る目」で見ます。

この「見る目」の主《ぬし》が無明《むみょう》といわれている本能なのです。

学校へ行くまでの子ども、ましてごく小さな子どもは、驚くべき速さでいろいろなものやことを学び取りますが、どうしてそういうことができるかというと、「見える目」でものを見て「見る目」を使わないからです。

つまり、窓はいつもあけ放されているから、はいるべきものはどんどんはいるというふうになるのです。

「見る目」というほうは窓をとざしているのです。だからなにもはいらないのです。

これは教育の根本です。

生まれて八か月ぐらいたつと、それまでは部分的だったのが全身的な運動をするようになります。

まだ立つことはできませんが、たとえば、手と足とを同時に振って喜んだり、顔ももちろん喜んでいます。

そういうことができるようになります。

それまでは、肉体の蠢動《しゅんどう》のような感じです。全身的な運動、つまり、意志が働いているという気はしません。

これと同じころ、ものの数《すう》がわかるように見受けられます。

そこをすこし詳しく申しましょう。

奈良女子大の数学科は、以前、大学の他の校舎とはすこし離れた地域にあったのです。八号館といわれていたのですが、二階建で全部数学で使っていました。職員のへやは二階にありました。しかし、そのとき、階下の玄関番のへやを井上さんという方が借りて住んでおられました。

ご夫妻と、お子さんがふたりありました。

ふたりとも坊ちゃんで、下のほうの坊ちゃんが生まれてちょうど八か月ぐらいでした。おかあさんにだかれていたのですが、わたしはよくそれを見ました。

始業は鈴《りん》を鳴らして知らせることになっています。大きな鈴です。で、おかあさんにだかれているその赤ちゃんに、鈴を振って見せました。そうすると、一つ振ったときの目の色なのですが、記録しておかなかったのでやや不正確かもしれませんが、そのころの人に実験して、見てください。一つ振ると、はっと気づくような目をするのです。

もちろんこちらを向く。目の色は、はっと気づくという目の色です。で、もう一つ振る。リーンとやるのです。はじめのがかなり響いています。それが鳴り終わるのを待って、ちょっと間をおいてつぎのリーンをやるのです。

そうすると、こんどはなにか遠いところを見るような目をする。

またしばらく間をおいて三度めを振る。

この三度めを振って聞かせたらたいへんなのです。あと、いくらでも振って聞かせろというのです。

一度め・二度め・三度めがこんなにもちがっている。

その目の色ですが、とくに二度めの目の色ですが、これはだいぶん時がたって忘れているのですけれども、なにか遠いところを見るような目をしたのです。

一度めは鈴の音に気づく。これは知覚が働くのだと思うのです。それで、こっちを向くのです。

べつに目の色は変わらない。ふつうだったと思います。おもしろかったから、何度も何度もそれを実験したのです。

二度めは認識が働くのだと思うのです。

一度振ってからちょっと間をおいて振るのです。すると、

「これは聞いたような音だぞ。」

と思うらしい。それで、なにか遠いところというより遠い昔を見るような目をする。

で、三度めですが、この三度めをやると、もうこれは何度でも振ってみせろといいます。逃げ出すよりしようがない。

これは意欲が働くのです。

知覚・認識、これらはみんな大脳側頭葉の働きです。この意欲だけが前頭葉の働きです。こんなふうなのです。

このころ、数《すう》というものがわかっているということが外に現われるといいましたが、正確にいえば順序数です。順序数がわかるらしい。

生後十六か月前後

わたしに孫がふたりあります。長女の子で、この奈良市から時間で二時間半のところにいますが、ときどき行って、親たちの教育がまちがっていないか、大自然の教育が順調に行っているかどうか、そんなふうなことを見るのです。

下のほうの子が、十六か月ぐらいのときに行ってみた。そうすると、ちょうど自然数の一を練習しているところだったのです。

わたしは、順序数と自然数とは同じようなものだろうくらいに思っていたのですが、そうではないのです。

順序数がだいたいわかってから、自然数の一がわかる。これは自然数の最初です。その一がわかるまでに八か月もかかるという事実をはじめて知りました。

まったく、大自然はよく見なければわからないものだと思って驚いたのです。

自然数の一を練習していると申しました。

それはどういうことかといいますと、菓子なら菓子を手で持つときは、かならず一つ持つのです。もう一つの菓子をやろうとすると、まえに持っていたのを捨てて新しいのをつかむ。

それから、口に焼き豚を入れてだいぶかんでおりました。そのときソーセージをやると、焼き豚をぷっと吐き出して、そうしてソーセージを口に入れる。

こんなふうに、なにごとによらず、一時《じ》に一つしかしないのです。

それと同時に、こういうことをやっているのです。

十六か月よりだいぶ以前から、テレビの「お手々をぶらぶら、ぶらぶら、ぶらぶら、ぶらぶら」というのに異常な興味をもっていて、あれが始まるとすぐはっていって、おっちんしてそれをじっと見ている、というふうだったらしい。

この子は、だいたい十五か月ぐらいで立ったらしい。

立つよりもまえから、この番組は見ていたらしい。

ところが、こんど行ってみると、はじめはなかなかなつかなかったのですが、しばらくたつと、しきりになにかやってみせるのです。

よく見ていますと、それは美容体操のまねなのです。おっちんして、足を投げ出して、からだをまえに曲げてみたり、手を上にあげてみたり……。

なにかしきりに、いろいろとそういうことをやって見せる。

だから、この自然数の一がわかると申しましたが、一を身につけてしまう、つまり体得するためには、たぶん、種々雑多の全身運動をやらなければいけないのだろう。それから、どんなときにでも、一時に一つということを忘れてはいけないのだろう。

こう思いました。

それから一か月ほどたってからでしょうか。また行ったのですが、まだ一の練習をしています。わたしはそのことを朝日新聞の「わが家の茶の間」に書いたのです。

孫たちは、堺市の労災病院の付属住宅にいるので、付近はみなお医者さんなのですが、その記事に興味をもってくれたと見えて、

「うちの子どもはいま十九か月だが、やはり、ぷっと吐き出してからでないと、ほかのものを口に入れない。

しかし、手では二つ同時に持つらしい。いまちょうどそんなふうらしい。これはやはり、

根本では、まだ一をやっているのかなあ。」

という立ち話を、わたしの娘のむこに家の外でしているのを聞きました。

一をほんとうに身につけてしまうということは、ひじょうにむずかしいことらしい。

この下の孫ですが、名前でいいましょう。洋一というのです。そうでないと感じが出ない。この洋一は、ひじょうにきげんのよい子です。笑っていることが多いのです。いつもたいてい笑っているのですが、親戚にうまい形容をするおばがいて、そのおばが洋一の笑うのを見て、

「ほたほた笑う。」

と、こういいます。

ところがこんど、つまり十六か月たったときですが、行って見るとにこにこ笑うようになっている。

「はーあ、あのほたほたが、このにこにこに変わるには、自然数の一がわからなきゃいけないのだな。自然数の一がわかると、ほたほたがにこにこに変わるのだな。」

と思いました。つまり自分というものがわかるのでしょう。

この辺に大脳前頭葉のオリジン、真のオリジンがある、そう思ったのです。

もちろん、オリジンといっても、きっかけは六十日めにすでに「見る目で見る。」に始

まるのであって、それから八か月ぐらいたったころ、三度鈴を振ってみせるとあと何度でも振れといって承知しない、逃げていくより仕方がないというところにだいぶ出ているのですが、それが大脳前頭葉の大脳前頭葉たる所以《ゆえん》の働き。

つまり、全体を引き締めるという働きをし始めるのは、この自然数の一が出始めるころ、十六か月めぐらいである。こう思ったのです。

ふつう、日本がいま使っていることばは西洋文化のことばですが、そのことばで、人は理性というものをもたなければいけない、また、理性があるということが犬やねことちがっている点である、といっているように思えます。

この十六か月ぐらいまでの大自然の育児法をよく見ていると、その理性がどんなふうにして出て、どんなふうに育てられていくものか、じゅうぶん教えられるような気がするのです。

前に、無生法忍を無意識的に身につけるには八か月かかるといいましたが、これは十六か月と訂正しなければなりません。

生後三十二か月まで

生後十六か月についで、ひじょうに注目すべき時期にはいります。それは、三十二か月の後半の十六か月です。このころのありさまは、人ひとりひとりすっかりちがうと思います。その子がおとなになってなにをやるにしても、この後半の十六か月間に用意した——それは繰り返し繰り返しやることによって用意するのですが——ところを使ってでないとできない。つまり、その十六か月に用意したもの以外は、ほんとうには使えない。そういう十六か月だと思います。

ところが、自分のそこのところは、自分の記憶を逆にたどってみても見ることができません。ややこんなものだろうかとは思いますが、外から全体を見るなどということはとうていできない。

だから、わたしはおかあさんがたにおすすめして、この時期の育児日記をつけておいてやってほしいと思うのです。

日記を書く期間は、二十か月間か、もうすこし余計になるでしょうか。「一」がちゃんとできたときから、あとに述べる「第一次百八十度連想期」（四つ）までを書いてもらえばじゅうぶんなのです。

自分がどう育てたとかどう大きくなったとか、そんなことではなく、純粋童心が繰り返しによってどういう型を用意したか。

それをできるだけよく見て書きつける。なにもおとなのことばになおすことはいらないのです。

特徴と思われるものを、書きしるしておいてやってほしいと思います。

二つ大事なことがあります。そのころ用意したものがわかると、第一に、人の子を大自然が教育するのをどう手助けすればよいかということが、ひじょうによくわかります。

第二は、その人が自分の志望をきめるさい、あるいは志望をきめたあと、どういうやり方でそれをやるかという方法を選ぶさい、ひじょうに参考になるのです。

一例をあげますと、わたしの孫たちの母親のすがねが、だいたい二十歳前後のころ、寝言をいったのを、わたし、「録音」しました。

これは戦争直後のころだったのですが、

「くつありますし、雨ぐつありますし、ゴムぐつありますし。くつありますし、雨ぐつありますし、ゴムぐつありますし。くつありますし、雨ぐつありますし。」

それだけです。そこで切れております。

これを見てみますと、ちょうどその童心のころ、つまりわたしがいっている十六か月のころのすがねの、もののいいぶりそっくりです。また、そのころのままごと遊びそっくりです。

だから、それをはずしてはなにもできず、そのことばぐせ以外のことばでは話せないものらしい。

ジイドが「贋金つくりの日記」の中で、こういうことをいっています。

「自分は会話を書くときに、そのいいぐせというものにひじょうに気をつけて、それを正確に書くという方法を考えついてそれを実行した。こんにちになってみて、そのやり方がまちがいでなかったということがわかった。」

そして、なにかいいぐせの「録音」の実例があります。つまり、「贋金つくり」という作品のおいたちの記です。

「贋金つくりの日記」です。

しかし、単にことばだけの問題ではありません。すがねの寝言の構成は、その時期の遊びどおりです。

そのとき、なにかふろしきにでも、いろんなくつを包んでいて、そしてそれをひろげたら、いろんなくつが出てきて、まことに豊かである。

これは終戦直後だったのですから、そういう情景においてこういうのだったら、内容はそういうことになるでしょう。

一例をあげると、こういうふうなのです。

もっとも、これは男・女性でもひどくちがっているのです。ここをよくみると、男・女性をごちゃごちゃにした教育などというものは、いかに天理にもとるものであるかわかってもらえると思います。

つぎに、ざっとあげてみます。

十六か月でいちばん目につくことは、繰り返し遊びの遊び方が、男・女性ではっきりちがっていることです。

これはもうむかしからだれも知っていることで、女の子はお人形が好き、ままごと遊びが好き、じっとすわって空想の世界にひたる。

こういう遊び方をします。

すがねの寝言がそうなのです。

男の子は、汽車・自動車などの車のおもちゃが好きだし、棒きれやおもちゃの刀を振りまわして遊ぶのが好きです。じっとしているより、外に出て走ったりするのが好きです。

ともかく、一口にいって女の子はすわって情緒の世界にひたるのが好き、男の子は運動が好きなのではないか。そう思います。

なによりも、教育者は、男・女性がここでこのように截然《せつぜん》と分かれていること、ならびに、そのおのおのの特性、それをよく学び取っていただきたいと思うのです。

個人的な特徴といっても、普遍的な男・女性の別の中にあるのであって、もちろん、ときに例外はありますが、たいていは、この普遍性を知ってのちでないと個性というものはわかりません。

ほんとうの意味の個性はここでできてしまうのであって、それを、おとなになって、他の個性があるといわれる方があるかもしれませんが、これはまったく別のものです。

それについては、あとでいいます。

ともかく、ここでつくった個性と、それからおとなになってからの個性と食いちがうようでは、うまく行っているとはいえない。

そうわたしは確信をもって予想しているのです。

小学校にはいるまで

子どもが純粋に童心の世界にいるあいだ、つまり三つまでは、これは、親はどうすることもできないのです。

そして四つになると自然がわかり始めます。詳しくいうと、時間・空間がわかり始めるのです。それは自分の記憶を逆にさぐってみるとわかります。

そうすると、この年のところでは、二つのできごと、記憶の前後関係がわかるし、一つの記憶においては情景が立体的に思い出せる。だから、時間・空間がここではもうわかっているわけです。

それから三つにさかのぼると、それができません。できるように思うものも、よく調べてみると、それは、あとで聞いたことを覚えているにすぎないのです。

記憶を逆にたどって四つを越え、純粋童心の時代といっているところにはいると、まるで音楽の世界へ行ったような気がします。

そこで、子どものおいたつ順にいうならば、数え年三つの終わりまでで、純粋童心の時代は終わります。やく三十二か月ということになるのです。

ところで、四つの中ごろまでに、おそくて中ごろですが、この時期は長く続くので、始まりは、四つの始めごろまでさかのぼるのではないかと思いますが、ともかく四つの中ごろまでに、わたしが「第一次百八十度連想の時期」と呼んでいるものが始まります。

上の孫——これは、きのみというのですが、この子が、ちょうど四つの中ごろに当たるころの「録音」があるのです。これが「第一次百八十度連想の時期」なのですが、こんなふうでした。

さあたっちしましょう
たっちしないもの

こっちへいらっしゃい
いかないもの
きのみちゃんいい子ね
まんみ（きのみのこと）いいことちがうあっぽ
（「これは、第一反抗期や。」と、おとなどうしがいっていると）
だいいちはんこうきちがう
それじゃなに
まんみおじょうちゃん

と、こんなふうです。

ですから、それがはっきり認識できます。

気がつきます。

なぜ「百八十度連想期」といって、第一次反抗期といわないかというと、反抗という字がいやだからです。

なにも反抗しているのではない。百八十度連想をやるだけです。それまでは零度連想だったにちがいない。

そして、四つになると、さきにもいったように自然がわかり始めます。古人はこういうことをいっています。

「真如一転して世界となり、再転して衆生となる。」

これは仏教のことばですが、真如というと大自然の本体です。世界とは自然界ですが、動物をもふくめての自然界です。衆生というのは社会です。

真如が自然となり、社会となる。

こう変わっていくごとに、だんだん片寄って、本来の真如の面目はしだいに失われていく。

こういう見方なのです。

これに合わせていうと、三つまでの純粋童心の世界が真如に相当するものです。真如そのものではありませんが、たとえていえば真如に相当するものです。すでにだいぶ混じりがあります。しかし、これは人の進化の現状ではやむをえないことなのです。

四つになると自然がわかり始めます。

だから、純粋童心、これは人の中核であり、だいたい情緒の世界ですが、これを自然という膜でおおうのです。これは被膜です。そうすることによって、人の中核である情緒の世界を保護するのです。

五つになると自他の別がわかります。

自他の別は、生まれて六十日にしてすでにつくではないか、母親と他人との区別は自他の別だろう、といわれるかもしれません。

それはそうなのですけれども、ここでいう自他の別とは、全面的にそうなるのです。

それはどういうことか、具体的にいってみましょう。

たとえば、敬語の御《おん》という字をつけさせてみる。

また、動詞の敬語を使わせてみる。

「わたしのおことば」といわず、「あなたのおことば」ということができ、「ふすまがおこけなさった。」といわないで、「ふすまがこけた。」と、正しくいうことができるようになれば、これは自他の別がついたのです。

だから自他の別といっても、生物と無生物との別もはいります。

こういうことが、直観的にわかるのは無明本能のせいです。

と同時に、自分をさきにし人をあとにする、という気持ちも働いているのです。

この、自他の別が全面的に押し出してくるのが、数えて五つです。

こうなればもう社会です。

情緒の世界という人の中核を、四つの自然という被膜でおおい、五つの社会という被膜でおおうのです。

だいたいこうして、人のほんとうの中核を二重の被膜でおおって傷つかないようにして、それこそほんとうの人の世の中に出ていく。

大自然はこんなふうにさせているらしい。

こうして、六つになるとどうか。

六つになると、寄って遊ぶようになります。だから、ほんとうの社会はここから始まるのです。

子どもは子どもどうしで集団的に遊ぶことが、どうしてもしたくなります。

それから、第一次知的興味が動き始めるのです。

この年ごろの子どもは、こんな質問をします。親に出し抜けに聞くのです。

「どうしてここに坂があるの。」

親は答えに苦しむのがつねです。しかし、母親なんかがよくするであろうと思われる、

「なんてばかなことをいうのだろう、この子は。」

というふうにやってしまっては、せっかく出かかった第一次知的興味の芽が踏みにじられてしまうことになります。

芽を踏みにじってしまうと、すぐつぎの芽が出てくるとは、なかなかいえません。出てきても、はじめの芽ほど健全なものであるということは、なかなかいえないらしい。

この点、植物に似ているのです。

親たちは、ここをよく注意してほしい。この芽を踏みにじってしまってから小学校に入れたのでは、先生が教え方に困ることになります。

七つになるとどうなるかということがいいたいのですが、わたしは四月生まれであるにもかかわらず戸籍では三月生まれになっているので、もちろんうそをいったのですが、七つから学校にはいったためわからないのです。

つまり、小学校にはいるともはや人為がはいりますから、もし放置すればどんなふうになったかその自然は見る由もありません。

これは、観察してみていただきたいと思います。

親の躾《しつけ》

以上が、小学校にはいるまでのありさまですが、これについて、いろいろいいたいと思います。

十四年まえ、この奈良女子大に勤め始めたころ、男・女性がずいぶんちがっているということに気づいて、どう教えればよいかについてよく研究しました。十年ぐらいまえになるでしょうか。

それと同時に、子どものおいたちが、人の子の内面的なおいたちが、ひじょうにおもしろいものだということがわかってきたのです。

それで、そのころ数年、小さな子どもをよく観察しました。

乳母車《うばぐるま》に乗った四つの女の子が、「嫣然《えんぜん》と笑う」のに驚いたのもそのころです。

また、六つぐらいのときは、男・女性をあまり問わずに寄って遊ぶようですが、六つの女の子が、はっきりうそ泣きをして見せるのを見て、六歳にして女性はすでに俳優的天才を表わすのか、と感心したのもそのころです。

まえにも一度いったように、人は、男・女性に関するさまざまなことを、さまざまな経験によって知るのではなく、情緒的に、すでに知りつくしていることを、単に経験によって、具体的に知るだけのことなのです。

教育者は、こういうことをじゅうぶんよく見て、しかるのち共学教育をするならするでやっていただきたい。

三つまでは、大自然にまかせきりにして、それを傍観しているより仕方がないのですが、四つからは、すこし大自然の教育に助力し始めたほうがよいと思うのです。それができるから、したほうがよいと思うのです。

助力はどのようにしてするか。

時実利彦《ときざねとしひこ》さんの「脳の話」というのが岩波新書で出ていますが、それによると大脳というのは脳幹部もはいるのです。

大脳の表面は、だいたい専門にこまかく分けられてしまっている。しかし、大脳の働きのうちで、総合的な働きが大事である。それで、共通の広場がなくては困る。

こういう見方から、共通の広場が重要になってくるのです。これは、大脳前頭葉と、大脳側頭葉との二つになります。二つといっても、側頭葉は左右に分かれていますが、だいたい同じことをつかさどり、また連絡もついています。

この前頭葉と側頭葉とはどういう総合的な働きをしているかというと、側頭葉は記憶・判断をつかさどり、前頭葉は側頭葉に命令すること、および感情・意欲・創造をつかさどるのです。

この記憶もですが、とくに判断が問題になります。

わたし自身は、大脳前頭葉の命令なしに、側頭葉だけで判断したという例は見当たらない。しかし、時実さんの本にこう書いてあるのだからできるのでしょうし、また、じっさいいまの学生はそれをやっています。

ところで、大脳前頭葉は、これを取り去っても人は死にません。

しかし、取り去ると人は衝動的生活しかできなくなります。それで、大脳前頭葉の命令なしに、側頭葉だけでする判断を衝動的判断といいます。

　この衝動的判断というのは、一つの行為です。この行為は、のちに述べますが、古人のよくいった修羅《しゅら》の行為です。この行為それ自体が修羅の行為であって、人のすべきことではないのです。

　ところが、この衝動的判断は、四つになるとすでに出ます。

　そこで、著しく悪いものだけは、取らなければいけない。ことに、憎しみに基づく衝動的判断、これは絶対に取らなければいけません。

　それから四つの後半にもなれば、ねたみ――このねたむという行為は衝動的判断です。これはかなり普遍的で、そして悪質なものです。

　とくに女の子に多いのではないかと思います。これは取らなければいけない。

　つまり、そういった衝動的判断が出たら、それを抑止することを、その子の大脳前頭葉にさせなければいけない。

　大脳前頭葉は側頭葉に命令することができます。ですから、側頭葉だけの判断を抑止することができます。

　この抑止するという働きは、衝動の抑止だけではありません。それはのちに述べます。

　抑止するという働きが、大脳前頭葉の固有の働きです。この力が強くなればよい。力が強くなるということが大事なのです。

それには、もっとも悪質なものを選んで、それを抑止することを躾ければよろしい。で、四つでは衝動的判断のうち、悪質なものを抑止することを躾けなければいけない。生まれてからだいたい四つになるまでは母親の受け持ちですが、四つのころは、父母共同の受け持ち、そして五つから七つぐらいまでは、父の受け持ちです。はっきりこう仕分けなければいけないというのではありませんが、そうすることが望ましいと思うのです。

とくに、三つまでの子に母が欠けているということは、その子にとってひじょうに不幸なことだと思います。

できるだけそれを補うことを、くふうしなければいけないでしょう。

四つの躾は申しましたが、五つはどうするか。

五つになると自他の区別がわかります。自分をさきにし人をあとにする、というような衝動・感情・欲望、これらをみなおさえなければいけない。

一口にいえばそうです。

ぜひおさえなければならない衝動を抑止することは、すでに四つから始めていますが、五つからは、これを全体におよぼすのです。

感情・欲望については、これらのうち人らしくないものは抑止します。では、人らしくないものにどういうものがあるかというと、これは古人のいった六道を取り入れるのが便利です。六道には四悪道があり、これは修羅・畜生・餓鬼・地獄の四道です。

衝動的判断をおさえると、だいたい修羅へは行かなくなります。で、残りは畜生・餓鬼・地獄です。

慈悲心が著しく欠けると畜生道へ行きます。だから無慈悲な感情・欲望の著しいものはおさえなければいけない。

肉欲・我欲をほしいままにすると、これは餓鬼道へ行くのです。だから、肉欲・我欲といったような欲望を恥ずかしいと思うようにしむけなければいけない。そして恥ずかしい感情・欲望を抑止するように、躾けなければいけない。

物質現象以外になにもないと思うのは、堕地獄の因《もと》です。それから、残忍性も堕地獄の因です。小さい子に、物質現象以外になにもない、というような考えは出てくるはずはない。しかし、残忍性は厳重に取り除いてしまわなければなりません。

物質現象以外になにもないというのは、徹底した物質主義という意味ですが、長すぎますから、以下物質主義といいます。

親たちは、なるたけ物質主義的考えをもたないように、また聞かせないように、そしてその反対のものは聞かせるように、そういう雰囲気をかもす注意をしなければいけないでしょう。

五つでは、衝動はだいたい全面的に抑止できるでしょうが、感情・欲望の抑止は、じゅうぶんうまくはいきません。

そこで、感情・欲望のうちの、とくにいけないもの、著しく人らしくないもので、その子になるほどとわかるようなものを選び、なるたけ納得させて、それを抑止させるように躾けるのがよろしい。要するに、こういったものを抑止する力が強くなれば、それでなんでもみな抑止するようになるのです。

子どもがいけないと気づくためには、恥ずかしいと思う心(内心を照らす日の光)と、慈悲心(内心を照らす月の光)との二つを、できるだけ養わせるのがよろしい。

これは、六つ、七つとだんだん余計にやってほしいのです。そうすれば、だんだん余計に、この恥ずかしいという心、つまり羞恥心《しゅうちしん》も育てられます。また、慈悲心も育ちます。

衝動的判断は、全面的に抑止するように、だんだんしていくとともに、父親は、男の子には人生の理想というものを、女の子には憧《あこが》れというものを、少しずつ話してやるとよいと思います。

女性には、心の悦《よろこ》びというものがよくわかるようにする。男性ならば、人の志気というものをもたせるようにします。

花にたとえるならば「色香も深き紅梅の」というのは、これは心の悦びでしょう。これは女性にだんだんもたせるようにします。梅の匂い、花のかおりですが、それは男性の志気に相当するものでしょう。

憧れと理想とです。これを父親がすこしずつあたえてやるとよいと思います。

父親がないばあいには、えてしてこれが欠けがちですが、母親がこの教育をやらなければならないわけです。

こういうことが躾です。

情緒の教育

寺子屋式教育

ここで、大自然が人の子を育てるさいの方法を水にたとえてみましょう。

まず、水がタンクにはいっている。下のほうに水の出口がある。ホースがついているとしましょう。

せんをしめたまま、そのタンクを高いところへ上げる。それから、せんをあける。そうすると、ホースのさきから、水が勢いよく出ます。これは、カイネティック＝エナージー（運動のエネルギー）です。タンクを高いところに上げるのは、ポテンシャル＝エナージー（位置のエネルギー）をあたえることです。

大自然は、人の子を、ポテンシャル＝エナージーをあたえてはカイネティック＝エナージーに変え、また、ポテンシャル＝エナージーをあたえてはカイネティック＝エナージーに変えして、水を勢いよく流すというやり方で、育てているように見えます。

ところが、いま人のしている教育を見ると、一定の傾きで、すこしだけ傾いたみぞをつくって、そこに水を流しているかのように見える。

それでは、水の勢いはまことに弱い。すこしどろでもたまっていると、もううまく流れないで氾濫《はんらん》するというふうなことになってしまう。

いまやっている教育は、こんなふうにやっているように見えますが、じっさいはそうすべきではなく、大自然に見習うべきであって、大自然をよく観察すれば、それができるようにちゃんとできているのではないかと思うのです。

その最初ですが、むかし、寺子屋というのがあって、そこで、素読や字を覚えることをやらせました。

素読というのは、意味はわからないが読むだけはすらすら読めるのみならず、そらんじさえする。

字のほうも、意味はよくわからないが、ともかく機械的に書くことは書ける。

こういうものです。

この素読と字を覚えさせる教育、これを復活させるのがよいのではないか。やるとすれば、五つ、六つ、それから七つ、八つ。これくらいではないか。七つ、八つは小学校一・二年生、五つ、六つはそれ以前です。

わたしはそう思うのです。

これについては、わたしには、六つのとき開立の九々を一晩でわけなく覚えてしまって、いまだに忘れないでいるという例があります。

また、その年ごろに字を教えたらずいぶんよく覚える、というような研究報告もあれば、子どものころむずかしいものを読むだけは読んだものだが、いまだにそれを忘れないでいる、といっている人にも出会います。

文部省か国語審議会か知りませんが、ともかく当用漢字を覚えさせるのに汲々《きゅうきゅう》としているようですが、こんなものは五つ、六つ、七つ、八つで覚えさせてしまうつもりでやるなら、わけないことです。

だいたい五つ、六つぐらいが、字なら字を、機械的にただ書けるという、そういう覚え方をする記憶力のいちばん強いときです。

これは、無努力で覚えてしまって、しかも生涯《しょうがい》忘れない、そういう覚え方をする時期です。

この種の記憶力は、たぶん六つぐらいが頂上で、七つ、八つとだんだん弱くなって、それからさきはお話にならないくらい弱くなります。

大自然の、人の子の育て方はこうなっていると思います。

ところが、いまの義務教育のやり方を見ると、知能というものを、まるでバケツに水をくみこむようにたまっていくものだ、時間がたつほど余計にたまる、たまる分量は時間に比例して多くなっていく、こんなふうなむちゃともなんともいいようのない仮定を暗々裡《り》において、すべてそれに基づいてやっているのではないかと思います。

あとになるほど、むずかしい字を、それも加速度的に、余計に教えようというのです。うまくいかないのはあたりまえです。

なぜ自然を見ないで、こんなかってなことをしたくなるのか。

教育者や教育学者たちは、たとえ知らずにやったまちがいでも、教育の問題でまちがいをやれば、その責任は負わねばなりますまい。自分は知らなかった、では済まされないことをよく自覚していただきたい。

わたしは、寺子屋式の教育は復活したほうがよいと思います。

これを復活しますと、まず、自然が人の子をどんなふうにしているかというそのやり方を無視して、その助手であるべき人が、人の子をかってに教育するというようなことはしなくなります。

そのためだけにでも、これを復活させたほうがよいと思います。

人は、五つ、六つのころ覚えたもの以外は、一度はみんな忘れてしまうのです。だから、覚えさせておけばそれでなにかになる、というその考え方もまちがいです。

なにかは残るには残りますが、教えたことそれ自体は、あとかたもなく忘れられるのです。

寺子屋を復活させたばあい、学校はやはり八つから始めてよいでしょう。

そして、一部分は学校とし、一部分は学校外でやります。これは親たちにまかせておけば結構と思います。

幼稚園へやったりすると、衝動的判断をむりにつけてしまいはしないかと恐れます。ひじょうに恐れる。この恐れが当然であるということは、だんだん説明していくとおわかりになるでしょう。

どうすれば衝動的判断ができるようになるかと骨を折っているのが、いまの教育であるかのように見えます。

これは、どうすれば人の子を修羅道へ追いやることができるかと、それをくふうしているということになります。

修羅道へ行けば地獄道に行きやすいのです。

寺子屋式教育でいちばん問題になるのは、なにを教えるかです。字は多すぎるくらい教えるとよろしいでしょう。少なくともいまの倍は教える。

いまの当用漢字には、趣きを表わす字が著しく欠けています。趣きを表わす字が欠けていては、人の心は育ちません。

たとえば、天地悠久というときならば、その悠久は、いずれも「ひさしい」ですが、久の字はよしやめても、悠の字はやめてはいけない。

悠というひさしいは、時間を超越するという趣きですが、こういう趣きなしに、だいたい具体的にものを表わす字ばかりそろっています。

そんな当用漢字をあやつって、

「悠然として南山を見る。」

この悠然を、他のことばでおきかえていい表わしてごらんなさい。いい表わせるかどうか。

文章にいい表わすことさえできないような気持ちがおこるかどうか。
たいへんな問題です。

趣きは情緒です。情緒は、情緒の中心を通して、ただちに子どもの大脳、その他具体的ないろいろのものになる。

だからそのくにによい情緒がおこらないということはたいへんな損失なのです。で、文字のことを申しましたが、では寺子屋式教育で、どういうものを素読させればよいかということになります。

わたしは、文学・歴史・倫理などから選んで、より抜きのよいものばかりを、意味抜きで読ませ、それを覚えさせるとよいと思います。なるたけ口調のよいもののほうがよいと思います。

情緒の中心

情緒の中心ということをいいましたが、わたしは、情緒の中心が人の中心だと思います。

そうだとすると、大自然が情緒の中心をかためるのを、どうしたら手助けすることができるか、ということになります。

いったい、情緒の中心をまとめているものはなんでしょうか。

表現することばがむずかしいのですが、しいていうならば愛だと思います。なかんずく、慈悲心を欠いては、とうていまとまるまいと思います。

情緒の中心がまとまらなければ、外に現われようと現われまいと、性格分裂です。ヒトラーとか、スターリンとか、ああいった人たちは、感覚には異常が認められないから、医者はそうだとはいわないにしても、知性のところですでに性格分裂が現われているので、潜在的狂人ではないかと思います。わたしは、これはとくに彼らに慈悲心が欠けていたためだと思うのです。

情緒の中心をまとめているものを、適当なことばがないから仮に愛という、といいました。ほかになかなかいいようがない。しかし、愛といわれるものには、ふつう無明（小我的なもの）がそうとう混じっていますから、それをじゅうぶん抜いて、純粋な（大我的な）ものにしなければなりません。プラトンは恋愛を知らなければ天堂にはいることができないという意味のことをいったと聞いています。もしそこから無明（小我）をじゅうぶん抜いて浄化してもらえるなら、式子《しきし》内親王のつぎのお歌など、愛とはどういうものかをよくいい表わしていると思います。

眺むれば　思ひやるべき方ぞなき
春のかぎりの夕暮の空

仮に愛という、とはそういう意味です。

その愛という心のうちで、とりわけ慈悲心が大事だ、とそういったのです。

大脳前頭葉の働き

で、情緒の中心が人のいちばん中心ですが、そのつぎの中心は大脳前頭葉です。

これは、ギリシアのことばでいって、自由意志を働かしえるところです。

前頭葉は側頭葉に命令することができます。命令するとき、大脳は全面的に働くわけです。

仏教でいえば、無明の中心もここにあるのです。

わたしたちが心を働かせるとき、それをギリシアでは知情意すると分けています。この知情意するのは、頭を使うからできるのです。

これをはっきりいうならば、頭を使わなければ知情意することができないということです。しかし、頭を使いさえすればできるかというと、ここにひじょうな問題があります。

このことは教育に関して特に大切なことです。

花園をみると花が咲いている。花がきれいだなあ、と思う。

この、きれいだなあというのは、どこでわかるか。

花がきれいだというのは、おとなにはわかるが、幼稚園に行くか行かないかくらいの小さい子どもにはわからないのです。

なぜかといいますと、知覚の中心は大脳側頭葉にありますが、その知覚する脳の部分の発育が悪いから、花がきれいだとわからないのだと、いっぱんにばくぜんと思っています。そうきめてかかっています。しかし、そうではないのです。

幼稚園の子どもの中にも、まれには花の美しさのわかる子がいるのです。

その子にだけなぜわかるかというと、その子はほかの子どもよりも花に注意を集めることができる。心を花のところに集めることができる。

そこだけちがっているのです。

たいていのおとなは、花のところに心を集めることができます。心さえ集まれば、大自然の純粋直観(真智)(一八四ページ参照)が働いて花の美しさがわかるのです。

古人は、真智のこの働き方を成所作智《じょうしょさち》(一八三ページ参照)といったのです。

大自然の成所作智が働いて、花が美しいとわかる。しかし、花や葉の色がわかっても、それが美しいとはなかなかわからない。

どういう色の花だというのは知覚であって、きれいだというのとはちがいます。きれいだとわかるのは成所作智です。妙観察智《みょうかんさつち》(一八三ページ参照)も働きます。

ここのところに、大自然が人の子を教育しようとしているのを手助けする人たちの、まちがった独断があるのです。

きれいだなとわからないのは脳の部分の発達が遅れている、とする独断的仮定があるのです。これはひじょうなまちがいでありたいへんな偏見なのです。

頭を使えば知情意できる。しかし、真智がまったく働かなければ知情意はできないのです。

智を三つに分けて、ほんとうの智を真智といい、他に分別智と邪智とがある。分別智の分別するは判断することであって、前頭葉が命令してする判断です。側頭葉だけが命令してする判断が邪智で、無明本能がはいっている。衝動がそうであり、だから邪智である。

ところで、この分別智も邪智も、真智がまったく働かなければ働かないのです。

それで、純粋に真智だけが働くのを、つまり、じかに働く真智だけを真智といっているのです。

なにか曲がった大きな管やさらに小さな管を通ったものを分別智とか邪智とか呼んでいますが、源はやはり真智なので、真智がまったく働かなければ、頭という機構はあっても働かないのです。

このこともじゅうぶん知っていただきたい。大自然に対して、つねに威張ろうとしている人たちの見落としそうなことです。

人というのは、大自然のあやつり人形なのです。だから、よく教育するというのは、大自然がよくあやつれるようなあやつり人形をつくることを、人が手助けすることです。いやだといっても、それしかできないのだから仕方がない。いまの考えを固執すればいやに思えるでしょう。

しかし、それをさらりと捨ててしまって、じっさいあるがままをあるがままに見たら、わたしたちはそういう大自然の中に生まれ合わせたことを、どんなに幸福と思うでしょう。

人のいちばんの中心である情緒の中心の大事なことを述べましたが、つぎの中心である頭、とくに大脳前頭葉の働かせ方についていいましょう。

その働きを見るには、大脳前頭葉が特別強く働いたときから見るのがわかりやすい。それをやりたいと思います。

わたしは数学をやっておりますが、数学は文化のうちの学問と呼ばれるものの一つです。わたしはその数学を研究して、それを論文の形で発表するということをつぎつぎと続けています。

その一つの論文を書くのに大脳前頭葉を働かせるのですが、どのように働かせているかといいますと、このごろは情操型研究と呼ぶ研究法でやっています。

わたしは大脳側頭葉だけでは判断できない。つまり、衝動的判断ができないのです。前頭葉でやる。

大脳前頭葉は、感情・意欲・創造の働きをする、となっていますが、その感情・意欲を数学のほうに向けてしまうのです。

そうすると、感情・意欲、とくに意欲が数学のほうに向いているので、前頭葉は他のものについて判断せよと側頭葉に命令しません。だから、外界が見えてはいるらしいのですが、判断のまえで打ち切られているので判断はおこらないのです。だからそのあとはなにも伝わってきません。

つまり、外縁は判断よりまえで打ち切られているために、すこしもわたしに伝わってこないのです。

また、感情・意欲が数学のほうへ向いてしまっているので、内心とわたしとの縁も完全に断たれていてなにも伝わってこないのです。

こういう状態で、わたしは完全に数学の中に統一した精神を置いている。この精神統一下になされるのが、情操型研究あるいは発見です。

数学の中では分別智は働いています。しかし働かないときもあります。働いていないときは純粋に真智が働いています。分別智が働いているときは、真智は絶対に働かないというのではありません。分別智がまったく働かなくなるにいたって、真智は驚くべき働きをするのです。

精神統一下に分別智を軽度に働かせて、真智をそうとうに働かせているという状態で研究を進めるのがこの情操型研究であり、そうして発見されるのが情操型発見です。もちろん邪智はすこしもはいりません。

わたしは、東洋人はこの型でやるのがいいのではないかと思っています。それは雨にじっと聞き入るといったのに似ています。

そのさい雨は分別智です。そのくらいの程度にしか働いていない。分別智がまったく働かなければ、からっと晴れた青空になるわけです。

しかし、むしろすこし雨が降っているほうがなんだかじっくりする。それで情操型発見というようなことをいうのです。

だんだん粒のこまかな雨が降るようになっていきます。これを境地が進むといい、境地が進めば、そのものが著しくじょうずにできるようになります。

これに反して、インスピレーション型発見というのは、分別智がまったく働かなくなった瞬間に、真智が雲間から急に青空が出る如くに働くのです。

そのとき、まるで意識に断層ができたような感じがする。たとえば、向かいのへやのふすまが突然からっと開かれたようなものです。

いままでなにもわからなかったへやの中のありさまが一目瞭然《りょうぜん》とわかった。こんなふうなわかり方なのです。

情操型もインスピレーション型も、大脳前頭葉の働きは同じことです。邪智は使ってはいけない、分別智はすこしは使わなければいけない、真智は使えるだけ使わなければいけない、ということです。

古人が智というとき、それは知情意を合わせてこう呼んでいるのです。

真智とは真知・真情・真意の意味です。

感情樹

これは特別のときですが、へいぜいはどうか。そのほうがひじょうに大事になります。とくに教育についていおうとするならば、それが大事になります。

これについては、感情樹というものを想像してほしい。大脳前頭葉に葉をひろげ、根を情緒の中心に持ち、この葉と根とを幹とか枝とかでつないでいく。こういう樹を思い浮かべてください。

この樹に日光が当たると、葉は同化作用を営み含水炭素ができます。一口に含水炭素といってしまいますが、これはひじょうに微妙なものです。

松の含水炭素は松のどの部分へどう使われようとみんな松になり、柳のばあいは全部柳になります。

そのやり方ですが、根から水分を、空気中から炭酸ガスを取って同化します。同化したものを、植物のばあいはなにも根から配られはしませんが、人のばあいは、情緒の中心から全体に配られるのだと思います。

こういう働きを営み続けているのです。

ところで、この樹にはその葉のひろがっている世界がある。

そして、その世界の日光でなければその葉に対して当たれない。

つまり、葉のひろがっている世界の日光でなければ、なんの同化作用もおこしえないのです。

これが、ごく大事なことです。

そのようにしてできた含水炭素が情緒の中心へ行くと、情緒の中心はその含水炭素に応じた方向へ世界の向きを変えていくのです。

つまり、情緒の中心の命令によって感情・意欲するのです。だいたい情緒の中心が指示するとおりに大脳前頭葉が感情・意欲する。すこしの自由はきくけれども、だいたいの向きは変えられない。

その向けた向き、それがその世界です。その向きの日光だけを受けて同化作用をして、情緒の中心へ送る。

もうそれでよいと思ったら、その方向を固定します。樹の全体、幹も枝もそのまま固まっていきます。つまり、その世界の向きを向いたまま大きくなっていくのです。

感情樹は、こういうふうな循環を繰り返してだんだん生長し、大木になってしまいます。もはや、その葉のあるところの世界は変えられません。

これを古人は、業《ごう》が熟する、といいました。業が熟してしまってからでは、どうにも変えられない、変えようがないというのがこれなのです。

そしてこれが、人の性格なのです。感情樹が性格です。ある程度発育すると、もはやそれは変わらない。

これは、どの世界に葉をもっているというだけではありません。どんな幹ぶり、どんな枝ぶり、想像がつくなら、どんな根の張り方、それが変わらないのです。

だから、これさえ同じならば、まざまざとしてその人を思うことができるのです。

さて、その葉のある世界の日光しか同化作用をおこさない、というその世界を大別することが大事です。

仏教では、これを六つに大別しています。これは釈尊ほどの人でなければ、ちょっと六つには分けられません。よい世界から悪い世界への順に、天道・人道、この二つがよいので二善道と呼んでいます。それから修羅道・畜生道・餓鬼道・地獄道、これらが四悪道です。

この六道は、輪廻《りんね》するといって、ぐるぐるまわる。それでまわらないものがこの上にあるのです。

声聞道《しょうもんどう》・縁覚道《えんがくどう》・菩薩道《ぼさつどう》それから仏道《ぶつどう》の四道です。

六道のうちの人・天二道は輪廻するから、他の四悪道に行くかも知れない。しかし、声聞道から上はそんなことはない。解脱《げだつ》しているというのです。

解脱しているとは、六道輪廻から足を洗うという意味です。

人道から仏道にいたるまでを人の正位ということにします。で、世界は、人の正位と四悪道と二つあるわけです。

そして、人の正位は陸地に、四悪道は沼にたとえられます。沼は底なしのどろ沼です。

簡単に申しますと、日光は、陸、つまり人の正位まではさしますが、どろ沼の中、つまり四悪道にはささないのだ、とこう思えばよろしい。

ここで日光といえば、これは真智です。

それで感情樹というものがあるということがわかれば、人の正位の陸地と、四悪道のどろ沼の中とに分けることが、絶対必要なのです。

同化作用は真智の日光がさすからおこるのです。

人の正位から上なら、これはもう日光は真智で、それだけならまぎらわしくないのですが、四悪道（どろ沼の中）へも光はさします。そこにある樹に対しては、日光というのは他のものなのです。

教育の三期

大自然が人の子を教育する仕方ですが、これをごく大きく分けますと、三つになると思います。

第一期が小学校の一、二、三、四年で、この四年間に情緒の調和をつくりあげます。もっとも、これは本質的には純粋童心の時代にできあがっているのですが、それよりも、もっと外に投影するのです。

「真如一転して世界となり、再転して衆生となる。」とまえにいいましたが、この世界とか衆生とかというもの、すなわち自然界とか社会とかいう外界に投影するのです。外界的に情緒の調和が現われるようにする。

それを情緒の調和をつくりあげると、こういっているのです。すべて外界的に現われることをつくりあげるというふうなことばでいうのです。

第二期が小学校五、六年、中学校一、二、三年、高等学校一、二年の七年間です。七年かかってこの期間に知性をつくりあげる。つまり、大脳前頭葉の働きが外界に現われるようにします。

第三期は高等学校三年、大学一、二年の三年間です。

この期間は、できるだけ自由に自分を掘り下げ、自分の守る道義をつくり、理想像の最初の素描をさせ、行くべき場所を選ぶ準備をさせます。

大自然は、だいたいこういう順序で人の子を教育しているように見えるのです。

それでは知・情だけで意がないではないかという疑問があるかも知れませんが、大脳前頭葉は知の中心であり、情緒の中心は情の中心です。

そこでこの二つについて述べたのですが、意というのはべつに中心をもたないのです。つまり、意志は全体を通じて、だんだんできていくものでしょう。

全体ということであげたこれは、小学校の六年、中学校の三年、高等学校の二年までの十一年間です。この期間を通じて、意志はだんだんできていくのであろうということです。で、意志についてはあとで述べることにして、情緒の調和をつくる第一期、知性をつくる第二期、理想像の最初の素描をする第三期をそれぞれ順を追って申しましょう。

情緒

情緒の調和というのはいつどうできていくか、なかなかいえないものなのです。

たとえばわたしは菊が好きです。

なぜ好きになったかと申しますと、小学校六年の夏、はすにそぐように切った篠竹《しのだけ》の切株へ右足のかかとを強く打ちつけました。そのため足にけがをして、二学期じゅうほとんど学校を休んでしまいました。よくなりかけたころが、ちょうど菊の花のころに近づいてきたのです。

家のうしろのみかん山と呼んでいたところですが、あちらこちらに、もうならなくなったみかんの木のある裏山には草が一面にあり、その中にまじって菊がはえていたのです。ほんとうにたくさんはえていました。

わたしは杖をついて、けんけんしながらそこへ登っていきました。登って見まわしてみますと、比較的大きな花の咲きそうなのがありました。

それで、毎日そこに登っていっては、二時間ぐらいじっとすわりこんで、青空を見てはおりてきました。雨でないかぎりかならず登りました。

そうこうしているうちに、菊のつぼみがすこしふくらんできて色が見え始めました。わたしはなぜか黄菊が好きでしたので、それらの菊の中から黄色くて、しかもいちばん大きいのを選び、そこへ行ってじっとすわっては、かなり長いあいだ、それを見たり空を見たりしていました。それからおりてきました。そういうことを毎日繰り返しました。もちろん咲いてからもです。そのころの菊は、みんなよいかおりがしたものです。

咲くまでが実に待ち遠しかった。咲いたときのうれしさや、咲いたあとのことはあまり覚えていないが、咲くまでのことはよく覚えています。

だから、これは期待の喜びで登っていったらしい。

ともかく、その後、菊がひじょうに好きになり、黄菊はもちろんどんな菊でも、最近になって、そのかおりがまったくなくなるまでは、菊が好きであることにはすこしも変わりがなかった。

ともかく裏山の菊以後好きになったということになっていますが、逆に、そこにいたるまでをたどってみますと、かなりいろいろなことがあるように思われます。それがいいたいことなので、その六年のときから逆に記憶をたどります。

わたしは、二年のなかばから五年全体まで、大阪の小学校に通っていたのです。四年の終わりごろ、大阪市内から打出《うちで》という海岸の村に引っ越したのです。

ちょうど菊の花のころでした。

引っ越すまえに、大阪の縁日へ行ったとき、はち植えの白い大輪の菊を買ってもらいました。転宅のとき、そのはちを大事に持って打出へ行って、そのはちのまま育てたのです。あくる年は、だいぶ花は小さくなりましたが、去年の大輪の花から出た芽らしく、かなり大きなのが咲きました。

六年は郷里の小学校へ移ることになり、学年休みのうちに転宅したかと思います。そのときは菊はまだ芽を出しただけでした。

わたしはそのはちを持って帰りたかったのですが、こんどは相当遠いし、あそこへ行けば菊はまたいくらでもあるからというので、はちのまま捨てていったのです。

わたしは縁日で菊を買ってもらったとき、実にうれしかったし、捨てていったのがひどく心残りでした。

わたしは大阪で生まれたのですが、大阪にいたのは三つのときまでで、四つのときから小学校一年までは郷里にいました。

そこでさらに記憶を逆にたどってみますと、そのころ、祖母がいつも菊をつくっていました。

それも、さし芽をしてつくるというようなつくり方ではなく、株の芽を骨折って育てたのです。たんねんにせわをし、つぼみを枝に一つずつしか残さなかったので、かなり大きいのが咲きました。

いろいろ咲きました。

色でいえば、黄や、白、赤。赤といっても菊の赤は特別です。咲き方も、まっすぐひらいて咲くのや、なにか口いっぱいに物をふくんだようなかっこうのや、乱れて咲くのや、弁だけがひじょうに長く伸びるのや、そういったいろいろなのがありました。

祖母はそれらに霜がおりないように、いちいちすこし高くかさを着せていました。

わたしはそういうものを、毎年見ていたわけなのです。菊が好きなのは、これがよほど大きな原因だったのだろうと思います。

菊ばかりでなく、祖母はいろいろな花をつくりました。

花をつくるのが好きだったのですが、死んだ人の命日には、きっと花をあげてお祈りしました。そのためもあって、四季欠かさず花が咲くようにしていたのです。

菊以外で骨折ってつくったのは朝顔です。

これも、はちに一輪か二輪というのではなく、垣根《かきね》一面に咲かせるというのですが、やはり種を選んでつくりましたから、ずいぶん咲きました。

わたしは、あすはいくつ咲くといって、つぼみを数えたりしました。どれくらいあったか覚えていませんが、千まではなかったにしても数百はありました。

咲いた花には、祖母はいちいち、これは紺青だとか、赤のふち白だとか、しぼりだとか札をつけ、その種だけを集めるようにしていました。

わたしはべつに手伝うわけではありませんが、四季さまざまの花のせわをする祖母のあとをついて歩いていたのです。

わたしはそれですっかり花が好きになってしまいました。

そのころ咲いたダリアに天竺《てんじく》ぼたんと呼んだのがありました。赤と白のまだらの小さなダリアですが、ポンポンダリアほど小さくはない。

それが、近ごろ珍しくうちの庭に咲きました。それで、はじめて歌というものをよんでみたのです。ちょっといってみましょうか。

　梅雨《つゆ》あけの　草深き庭の片隅《かたすみ》に
　幼きころのダーリアの花

ところで、わたしの記憶は四つまでしかないのですが、三つだって、そんな気がするということはあるのです。

三つのころ、わたしたちが住んでいたのは露地の中だった、と思う。

その露地に菊が並んでいた、と思う。それは黄菊や白菊だ、と思う。

どうしてもそうとしか思えないのです。

そのころほとんど無意識に、たえずそれらの菊を見ていたのです。そこは三つまでいたところですから三度見ている。たえず菊を見ていた。それが残っているのかもしれません。オリジンはそこにあるのではあるまいか。

そう思うのです。祖母の菊だけではあるまいと思います。というのは、わたしはいまでは朝顔もずいぶん好きだけれど、菊と朝顔とに対する感じがなんだかちがうのです。

朝顔ははじめてだし、菊ははじめてではないという気がするのです。

こんなふうに情緒についていってみますと、情緒はずうっと尾を引くのですね。そしてその始まりは、たぶん三十二か月の童心のところから来ている。

その後もそれを強くするには、何度もいろいろなことがある。おとなになってすでに長く世の中にいても、わたしたちの情緒は、日常茶飯事の外界の風物の中に——ただなにげなく見ていれば外界の事物にしかすぎないのでしょうが——生きて尾を引いて残っているのではあるまいか、と思うのです。

道元禅師はこういっておられます。

「いかならんか過去心不可得といはば、生死去来と云ふべし。いかならんか現在心不可得といはば、生死去来といふべし。いかならんか未来心不可得といはば、生死去来といふべし。」

純粋童心の世界ですが、あそこに現われているものは、突如として現われたのではなかろうと思うのです。たぐっていきますと、過去無量劫《かこむりょうごう》まで尾を引いています。つまり、わたしたちが単細胞だったころまで尾を引いているのです。そう思われます。いまのわたしには、それからさきを明らめるほどの真智の光はない。しかし、じゅうぶん照らすようになればよく見えるものであろう、とそう思います。

古人は見えるといっております。

これをことごとく見明らめるのは仏でなければできない、といっています。

しかし、人はだんだん位が上がっていきます。だからだんだんよく見えてくるだろうとわたしは楽しみにしているわけです。

情緒と小学教育

情緒の調和は、小学校の一年から四年までに仕上げたいと思います。小学校へはいるまで放っておいて、一年から始めたらそれでよい、というのではないことはもちろんです。それでは、この四年間に、どんなふうに情緒の調和が形に現われるようにすればよいか。

わたしのばあいはこんなふうでした。

一、二年のころ「幼年画報」をよく読んだらしい。はじめは、読んでもらっていたのかもしれない。

その中のいろいろな話だって覚えていないことはありません。が、いろいろと色のついた絵や、ふつうのさし絵があった中で、表紙絵がいちばんきれいでした。

紫苑《しおん》の花とか、葉雞頭《はげいとう》とかが描かれてあって、きれいだなあ、と思いました。

で、そののちのわたしの見る葉雞頭は、たえずこの表紙絵の葉雞頭の現われなのです。紫苑の花は、この紫苑の花の現われなのです。

秋になると、奈良に紫苑の花が咲きます。たいてい板塀《いたべい》の上にのぞきます。

そして秋が来たことを告げるのです。

このときの紫苑の花というのは、あの「幼年画報」の表紙の紫苑の花が情緒になって、そして、いまの紫苑の花の上に重なっている。

それで、わたしには紫苑の花という情緒がきれいに見えるのです。葉雞頭もそうです。

三年・四年では、もう「幼年画報」は読んでいません。「日本少年」をとってもらっていました。

それから、「おとぎ花籠《はなかご》」というおとぎばなし集、それを買ってもらっておもしろく読みました。

「おとぎ花籠」の中の、「魔法の森」という物語からは、「なつかしさ」という情操を教えられ体取し、また「琴の由来」からは、なぜ憎しみがいけないのか、という疑問を植えつけられました。

この疑問は、やがて中学校を卒業し、高等学校時代にはいって、ぼつぼつ解決されていきました。

「日本少年」では、「ひわの行方」というお話から、かわいそうに、という感じを強くさせられました。

空気銃で一羽のひわを心ない少年が撃つ。おとなが撃ったらもっといけなかったのですが、少年だった。その心ない少年の行ないをわたしは憎んだ。

これは正義心です。だから、慈悲心を教えられ、正義心をおこす機会をあたえられたわけです。

三年・四年になると、だいぶわけがわかってくるのです。そして、ここで情緒の中心を、ほぼ仕上げることができます。

この情緒の調和はまことに大事で、けっしてどこでやめていいという時期はない。それは死にいたるまでつとめるべきものなのです。

ところで、いっぱんには、一年・二年・三年・四年、とくに三年・四年でこうあってほしいことが、転校などの関係で、わたしのばあいはすこしずれているため、五年のころおこっています。そこで、五年でこうであったというほかないのですが、これは四年までにやっていただきたいことです。

五年のとき、わたしをたいへんかわいがってくださった唱歌の先生がありました。お名前は忘れてしまいましたが、女の先生です。

さきに、東京放送で古村《こむら》という女性放送員と対談しました。そのときもらった名刺を見て、古村っていい名だな、と思いました。

古村《こそん》——こう、すぐ連想した。

「花あり月ある孤村《こそん》の夕べ、いずこにつながん栗毛《くりげ》のわが駒《こま》」

その女の先生がよくおうたいになった歌です。その歌が、先生のふしまわしというか、声で思い出されました。

この唱歌の先生には、わたしが同級生のあとについていたずらをして、泣かれてしまったことがある。それがひどく印象に残っています。

かわいがっていただいたのですぐ思い出した。

それから、担任の藤岡先生です。実にかわいがっていただいた。

わたしは、まるで、ひよこが羽をひろげたように、伸び伸びと自分の境遇を楽しんだのです。

こういうふんいきのもとで情緒の調和はできあがるのです。なによりも、いちばん大事なことです。

ところで、この四年までに、ただ情緒だけでよいかというと、意志も知性も働いています。意志のことはあとでいうことにして、知性について一言だけいいましょう。

とくに算数ですが、わたしは算数の時間は比較的気を散らさないようにやっていたらしい。自分で思うように計算して、それから、ためし算をきちっとやっていたらしい。

こういったことが大事なのです。

とくに気を散らさないようにということ、結果を自分で信じるようにということ、あせよこうせよといわれたとおりにしないということ。

これらがみな大事なのです。

これで、小学校の四年までは、終わったことにします。

知性と意志の教育

知性の教育

小学校五年から高等学校二年までの七年間は、知性を伸ばすのによい時期です。わたしたちのころ、初潮はいまの高等学校の一年にありました。だから、中学校三年まで、生まれてから中学校の三年までは、大脳の発育期にあったといえるのです。もっともそのころは、大脳の発育期は満十五歳までといわれていました。

ちかごろは、時実さんの「脳の話」によりますと、男は満二十歳、女は満十八、九歳までとなっています。

これはたぶん、見ている部分が広くなったからで、まえの満十五歳までという見方が変わったわけではないと思います。

というのは、満十五歳まで発育すると見ると、いろいろなことがひじょうによくわかるのです。

やはり、正常に発育すれば、発育期は満十五歳（中学三年）までで、発育期が終わったしるしとして、男性でも女性でもそのしるしがある。

女性のばあいには、それがとくにはっきりわかる。初潮がそれである。

こういうことです。

時実さんは、脳幹部も大脳のうちに入れておられますが、わたしもそれに同調します。

そして、知性をつくる七年間を、三つの時期に分けて調べます。1は小学校五、六年、2は中学校一、二年、3が中学校三年と高等学校一、二年です。

その1の時期についてお話しします。そのさい、成熟したしるしが高等学校一年にあると考えて述べます。

これは、ごく大事なことです。

1の時期では、大脳前頭葉が命令して、大脳側頭葉が記憶する。これをやらせるのです。

つまり、自覚的、選択的記憶です。

以前の義務教育では、小学校五年から、理科とか地理とか歴史もそうでしたが、そういったものを始めました。粛々《しゅくしゅく》と始めたのです。

右足・左足と粛々と歩み始めるのですが、それが大脳前頭葉の命令による記憶ということになります。

それで、たとえばですね。わたしは、表札を書けといわれたことがあります。

ここは、法連佐《ほうれんさ》保《ほ》田町《だちょう》というのです。

それでさっそく、きちんとすわって筆を取り、法という字を書こうと思って、氵《さんずい》を書きました。

そうすると、この法という字がなぜ氵であるのか、はなはだ不思議に思えた。石へんとでもいうのならまだわかりますが氵というのはおかしい。

それで、そっとそのつぎをそらで書いてみた。氵に去ですね。

そうすると、ますますおかしい。なぜ水が去るのを法というのか。これではまるで水とともに漂い去るようなものだと思って法という気がしなくなって、しばらくじっとしていた。

そうすると、わかったのです。

漢字はたいてい支那の上代につくられている。そのころは、たぶん人々は黄河の上流の地方に住んでいたであろう。そうすると、あのあたりは黄河の氾濫がたいへんだから、禹《う》王《おう》の話もあるように、ともかく治水が重大な問題だった。なるほど、水が去るというのは、あのころにあっては大問題だから、それをもって法とするということもじゅうぶんありえる。氵に去るで、法と見えてきました。

こんなふうに、わたしたちはみなそうだと思いますが、改まるとひどく精神統一をします。そういう癖があるというのです。気を散らしたままで覚えた字は、気を散らしたままで使っているぶんには、すこしもさしつかえがありません。

しかし、すこしきりっとなりますと、精神統一をするわけですが、もはやその字がたよりなく思える。

で、精神統一が深ければ深いほど、また、同じ精神統一のもとにあっても、その字を見つめてそれでいいのかと思っている時期が長ければ長いほど、気を散らしたままで覚えた字がたよりなくなってくるのです。

さきの法という字など例外です。たよりなく思えても、理由などたいていのばあいわかりはしません。すべてたよりないのです。

わたしは、この表札をまるで薄氷を踏む思いで終わりまで書いて、恐る恐る、これでよいのかと伺いをたてた。それでよい、ということでした。

こんなふうになるのです。これが、大脳前頭葉の命令なしに、側頭葉だけで記憶したものであって、衝動的記憶と呼ぶべきものです。

たいてい、人はみな衝動的記憶でやっていますし、そうしても、かくべつ害があるとは思えません。たとえ記憶は衝動的ではあっても、判断のところまで行かなければよいのです。

困るのは、衝動的判断なのです。

それで、この衝動的記憶は、べつに排除すべきものではありませんが、これとはべつに、意識的記憶――大脳前頭葉の命令による記憶、この字は覚えるべきか覚えざるべきか考え、選択してする記憶――これが大事である、といっているのです。

こんなふうになりますから、理科系の思想の基本になるようなことばは、すべて大脳前頭葉の命令下に覚えなければなりません。そうすると、かならず選択もはいりますね。なるほどこれは覚えなければならない字だ、ことばだ、だから覚えようとし、覚えなさい、といわれて覚えるわけです。

数学でいいますと、大脳前頭葉が命令して、大脳側頭葉がしばらく記憶している。これがひじょうに要《い》るのです。

わたしは、フランスにいたことがあるのですが、たとえば、フランスの商店のお金の勘定の仕方というのはこうです。

くつ屋へ行って、八百七十五フランのくつを買ったとします。千フラン札を出す。そうするとおつりですね。その勘定はつぎのようにします。

くつが八百七十五フラン。これを八、七、五と覚えこむ。

そして、五のところへ、六、七、八、九、十と銅貨かどうか知りませんが、五フランを置く。それで、すんだら五はもう覚えていなくてよい。

つぎは覚えていた七のところへ、九、十と十フラン札を二枚置く。これで七は覚えていなくてもよい。

　こんどは残りの八のところです。下の位から一つ繰り上がってきていますから九。ここへ百フランを置いて、はい千フランのおつりです、と渡すのです。

　実にしばらくのあいだ、八、七という二つの数字を覚えていさえすればいいのです。で、この数字の記憶は暗算をやればかならず強くなります。

　数字を記憶するため以外に、十以下の数の勘定などことさら練習するにはおよばない。小学校にはいるまでの子どもはたいていみなできる。

　フランスでやっているのは、商売するのに要るのは、おつりを出すほうももらうほうも、なにしろ、数をしばらく覚えているということだけです。こんなときには、値段が書いてありますが、いっぱんにせいぜい数を覚えておくというだけは要りますね。

　覚えるために、この時期に暗算をすこしやらせるほうがよいのです。

　それから、ことばで書かれた応用問題をやらせるほうがよいのです。これも、しばらくのあいだことばを覚えていなければ、覚えていて、そして、意味に直さないと、意味になってこない。それがむずかしいのです。

　これもやはり、大脳前頭葉が命令して、側頭葉がしばらく覚えていることです。

　これをやらせることは実に大事です。

フランス人は、たとえ計算はできなくても、これはじゅうぶんできるらしい。計算といっても、いまやったような足し算だけなら順序数を十まで数えているに過ぎないのです。これなら命ぜられた側頭葉がしばらく数《すう》を記憶しているという以外はなにもやっていません。

しかし、こればかりやっていますと、前頭葉が命令して側頭葉がしばらく記憶する力は確かになります。

このことが、どんなにフランス文化に関係しているか。計算など要らないけれどもこれは要るということが、ちょっと調べてみるとわかります。

自由といいますね。フランスのモットーは自由・平等・博愛だといいます。その自由とは、

「他人の自由を尊重する自由を享楽するということだ。」

というのです。もう一度いわされたら、いいまちがえそうです。いうほうも、聞くほうも骨の折れることばです。

ともかく、しばらくじっと覚えていなければ、聞くほうは意味がとれないでしょう。いったほうも、しばらくじっと覚えているのでなければ、どこまでいったかわからない。

「自由とは、他人の自由を尊重する自由を享楽するということだ。」

だから、いやいややったのではだめなのです。

人の自由を尊重することくらいやったってかまわないではないかといって、それを楽しむというのがフランスでいう自由だ、そういっているのですが、だいたいことばの元になるすこし長い思想も、やはり大脳前頭葉が覚えておれと命令したものを、側頭葉がしばらくのあいだ覚えていられるのでなければいけない。

また、済んでしまってから、なお覚えているのは執念深いというもので、すぐ忘れなければいけない。

フランスが文化的に高いというのは、実に1の時期の訓練、つまり、大脳前頭葉が覚えておれと命じたあいだだけ、側頭葉が覚えていることと、済んでしまったら忘れることと、これがうまくいっているからではないかと思います。

フランスで大事にされていることに、ポンクチュエルにものをいうということがあります。歯切れよくものをいうということです。

そこに要るだけのことばは、一語一語選んで略さずいい、要らないことばは一つも入れない、こういうやり方です。だいたい直接法現在でやる。

これがフランスの文化を暗示していると思います。

あなた方にぜひおすすめしたい本に、フランスの作家サン＝テグジュペリの日本語訳

「星の王子さま」というのがあります。童心を知るまことによい本です。

そうすると、きっと気づくでしょうが、日本人と情緒がまったく同じであること、ただちがうのは、表現がひどく歯切れがよい、ということです。

歯切れがよいということは、フランス文化の特徴であり、いまいった1の時期の訓練がよくできているところからきていると思います。

サン=テグジュペリは、たとえば、

「子どもの世界は、ものそのもの、ことそのことの世界である。」

といっております。

しかし、これはなにもサン=テグジュペリだけではありません。同じようなことをジィドはよく、「ソワ=メーム」といっています。

ソワ=メームというのは、「ものそのもの」の意味です。

たとえばカミュの小説を読んでみてください。あの精密な描写は、いつにこの「大脳前頭葉が命令しているあいだ大脳側頭葉が記憶している。」という能力に依存していることがわかるでしょう。ものをいい表わすにもこれを使っています。情勢を構成するにもこれを使っています。とくにこの能力にはあとの使い方があることに注意しなければなりません。副尺のように使うのです。

これで第二期の1の時期は終わります。もう一度いいますと、1の時期は、大脳前頭葉の命令のもとに大脳側頭葉が命ぜられた時間のあいだ記憶しているということ、長く記憶するばあいにもやはり大脳前頭葉の命令のもとに記憶するということです。

そして、これができるようになって、右足・左足と粛々とあゆみ始めることができる。つまり、知性の夜明けになるのです。

ものの勢い

1の時期が終わって、ここまで続いてきている情緒の期間が一区切りつきます。第一の情緒をまとめる時期が終わってこの五年・六年で情緒が外への出口を見つけるのでしょう。なにか一区切りつくごとに、さらになにかの時期が来ます。

2の時期の中学一、二年というのは、本を速く読む、その速さを増すのにひじょうによい時期です。

2の期間にはおもしろいものを——といっても、なるたけ古典的なものがいいのですが——読むようにします。それには長いものがいい。

たとえば、確実によいと思うのは、「水滸伝」とか「西遊記」とか、それから「三国志」です。なにか一つ「真書太閤記」のようなものもなければ、日本の武士《もののふ》の戦いぶりがわかりません。

あんなものを読ませたからといって、のちに、じっさい人を切ってみたくなるというふうな、ばかなことはありません。

あれは、からだの、つまり筋肉のポーズをあのようにする、ひいては情緒のポーズをあのようにするのに過ぎないのです。

それを、じっさいに刀で切るということに使ったり使わなかったりするのは、高等学校のときに、じゅうぶん自己反省ができているかいないかによってきまるので、歴史もそのとおりです。

アレキサンダーの話や、シーザーやナポレオンの話、あるいはアッチラの話、そういうものを全部抜いてしまったなら、それはさっぱりものの勢いというもののわからない歴史になってしまいます。

ああいった人たちのやったことそれ自体が、いかにもつまらないものであるということ。それから、ああいった人たちがはなばなしく動いた陰に、大勢の人が死んでいるということがあるということ。

そういうふうなことは、あとで第三期として述べる高等学校の三年、大学の一、二年というころになれば、自分でわかってきます。いけないことは、やりはしません。

あれは、ただ木の枝ぶりのようなもの、あるいは水の流れるときの勢いのようなものなので、全部抜いたら変なものです。

さきにあげたもののほかに「巌窟王」なんかもいいかもしれない。「レ＝ミゼラブル」あたりもいいかもしれない。ともかく、厚いものにかぎる。

それを速く読ませることです。

なるだけいけないもののないのを選びますが、「真書太閤記」くらいならそう悪くはないでしょう。

桶狭間《おけはざま》の戦いのとき、信長がすずしかなんかを着て、「敦盛《あつもり》」を口ずさむ。

「人間わずか五十年、下天《げてん》のうちを較《くら》ぶれば、夢《ゆめ》まぼろしの如くなり…」

そうして、さっと桶狭間に切りこむ、しのつく雨をついて三千騎。

ああいうのは、やはり、読ませるといいのです。本を読むという中で、ひどく勢いがつきます。

だいたい情緒というものができてしまって、そして、外への出口がつくと、この時期が来ます。

この時期にはこういうことをさせるべきです。

知性開発の第2期

もう一度知性に立ちかえります。

大脳側頭葉は記憶・判断をつかさどる。その記憶については、1でいいました。ここでは、判断です。

大脳前頭葉の命令によって、側頭葉が判断します。これは衝動的でない判断です。古人のことばでいえば、正しく分別智が使えるようになることです。

2の時期では、これができるようにしなければなりません。

むかし、禅の人たちは、真智が大事であるから、邪智はもちろんいけないが分別智もいけない、といった人が多かったように見えます。

それはそれで、やる道はありましょう。

しかし、わたしたちの西洋流の教育とは、ぜんぜん相容《あいい》れない。

ところが道元禅師などは、分別智は使うほうがよろしい。しかし使うからには使い抜け。つまり、トンネルは通ったほうが早い。しかし、通りかけたら中で止まるな、外まで出てしまえ。こういっているのです。

「正法眼蔵」には随所にそういっておられるし、また道元禅師のやり方もそうです。

分別智のトンネルを突き抜けるためには、ともかく、このトンネルに正しく歩みこむことを覚えなければいけない。で、分別智を使うことを覚えるのです。

分別智を使うというのはどういうことか。

教育というのは、だいたい、わからせるということです。

つまり、理解するということです。これが分別智です。

つまり、大脳前頭葉の命令による判断、これは理解するということです。

この理解ができるようにすることが大事です。

理解にとどまったら、いまいったとおりトンネルです。しかし理解できなくては、これはもうさっぱりしようがない。

で、理解するようになるのが、この2の時期にやるべきことなのです。

数学でいうならば、方程式を立てるのがそれです。立てた方程式を解くのではない。方程式を立てる。つまり、文章を方程式に表わすのです。

これができる人は、いまは少ないのです。

なぜ少ないかというと、1の訓練ができていないからです。前頭葉の命令による記憶で、しばらく覚えているという練習ができていない。だから、文章を方程式に直すことがなかなかできない。

できても、自信がないのです。

方程式を立てるだけ立てて、そして解かずにおくことは、立てて解くよりむずかしい。立てただけで、これでよし、という自信をもつことは、それを解いてそうするよりもむずかしいのです。

文章を方程式に直すだけ。これを方程式を立てるというのですが、これができなかったら、できる高等数学は一つもありません。

高等数学をやるためには、ぜひここを通らなければなりません。

ところが、実際教育にたずさわっている人はおわかりでしょうが、いま、方程式の立てられるものは、三十人にひとりも、とうてい、いないでしょう。

しかも、それを立てられるまで教えるのではないでしょう。ごまかして通るのでしょう。そうすると、あといろいろ習ったら方程式は立てられるようになるか、といったらそうではない。

いつまでたっても、立てられないまま残るのです。

傷は年とともにだんだん小さくなるのではありません。松の幹につけた傷と同じように、成長するほど傷もまた大きくなるのです。

傷を直すには、立ちもどって、方程式を立てさせることからやらねばなりません。

そして、方程式を立てさせるには、右足・左足と粛々と歩き出すこと、つまり、１の時期からやり始めるのが、むしろいちばん早い。

2はだいたいそういう時期です。

知性開発の第3期

知性開発時代の最後は中学三年と高等学校一、二年の三年間です。

この期間は一口にいって、精神統一を強くするひじょうに大事な時期です。これはだいたい2のころから始まってだんだんできるようになり、中学校三年から高等学校一年で、精神統一の頂点に達します。高等学校二年はその続きです。

以前は丸暗記ということをさせましたが、これは試験のまえに丸暗記する、試験がすんだら忘れてしまうというふうな丸暗記です。これは、1のところでいった、大脳前頭葉の命令による側頭葉の記憶の様式です。つまり、大脳前頭葉による丸暗記です。

これがいちばんうまくなるのが、だいたい中学校三年か高等学校一年のころです。

つまり、丸暗記によって、一時覚えてすぐ忘れるというそんな記憶力が最高潮に達する時期が、また、精神統一の最高潮に達する時期なのです。

このような記憶は、記憶ではなくて写象《しゃしょう》だといった人がありましたが、いまでもそんなことばを使いますかどうか。

この精神統一は、脳幹部の働きだとわたしは思います。

大局から見ますならば、3は、殻《から》を突き破って外に出る時期で、出たらそこは高等学校三年、大学一、二年です。

この3の時期は、こんなふうである、という説明だけでじゅうぶんでしょう。やるべきことは、自分でちゃんとやります。

外に出ればそれでいい。外に出るために、殻を突き破って出るために三年かかるというわけです。

精神統一がふじゅうぶんであったら、ついにこの殻を破れないという時期であり、またその殻を破ろうとする始まりの時期でもあります。

この殻を破ろうとする時期に成熟のしるしがあるのです。まえにいいましたように、高等学校一年のときに成熟のしるしがあるとするならば、中学校三年まで成熟し続けていることになります。

これで、成熟はできるだけおそいほうがよいというのがおわかりいただけると思います。成熟すると、やや精神統一ができて、それでおしまいです。あとはそれを練習して、強くするのでしょう。

一口にいえば、やや精神統一ができる、といえば、やや体取もでき、やや意義もわかる、そういうところです。

これでいちおうできた、ということになります。

しかし、これでできたというのはふじゅうぶんなので、男ならば二十歳、女ならば十八、九歳と、なぜできあがりの早さが一、二年ちがうかということになります。

なぜちがうか。なにか手を抜いてあるのだろうか。

そうではないのです。女性の、情から知と行くのがうまい行き方で、知から情と行く男性の行き方はへたなのかもしれない。

それはひどく手間がかかるのです。

情から知と行けば、なにか形となって残ります。つまり情緒とまとまって、それが残ります。まとまれば、それをつかんだらいいのです。

ここまでで、1、2と、3の始まり、つまり精神統一のころまでは、これでいちおう完結します。

このころまでに、頭が完成します。

そのしるしとして、成熟のしるしがあった。そうするとこれもまえと同じで、いちおう完成すると、つぎのものの始まりが来ます。注目すべきものが来ます。

第二次知的興味の時期です。

まえに見たように、第一次知的興味というのが六つのときにありました。ここの高等学校一、二年というのは第二次知的興味の時期なのです。

これは、実に変な興味をもつ時期です。

わからないからおもしろいというのです。

もちろん知的興味だから、わからないからおもしろいにちがいないけれども、第一次では驚きというふうなのが多いのです。

「ここに、なぜ坂があるの。」

というのには、多少驚愕《きょうがく》の意味があって、おもしろいの意味は少ない。

まえのはエクスクラメーション＝マーク（！）のような意味であり、こんどのはインタロゲーション＝マーク（？）の意味です。ほんとに、よほど知的興味に近づいています。

ともかく、もたそうと思えば、変なものならなににでも、みんな興味をもつように思われます。

そこでわたしは、この時期に変なものを見せないことだと思います。

わたしはこのころを、「真夏の夜の夢の時期」と、ひそかに名づけていますが、これはいっぱんにいっていいのではないかと思っています。

「真夏の夜の夢」は、もちろん、シェークスピアのそれです。

その中で、ろばの耳を見た皇后さまが、ろばの耳をもった人でなければ、夫として、ついに満足することができなくなります。

だからあまり変なものを、この時期に見せないようにというのです。

わたしはこの時期に数学をやりました。クリフォードの「数理釈義」を読みましたし、その定理を二か月近くも用器画に描きました。

それで、数学をやらなければ満足できなくなってしまったのだと思います。もっとも、「真夏の夜の夢の時期」になぜそんな用器画を描いたかというと、たぶん、生まれてから一度も、そんなものを見たこともなかったから、神秘だなあと思ったためだろうと思うのです。

男性ならこの時期は、感激ということのわかる時期といいますか、感激するということのできるようになる時期であるし、女性なら（情から知に向かうので、なにか形となって残る。つまり情緒となってのちまで残りますので）感銘とでもいうのでしょうか。ひどく感銘させられた情緒の残る時期なのです。

もう一つたいせつなことは、この時期は人の心の種まきの時期といえます。

これは男女とも同じだと思います。

他の時期でも種はまけますし、種がはえればある現象がおこるでしょうが、このときまいた種は特別なのです。それがはえれば、その人の一生をきめてしまうというふうな、そういう種をまく時期だといえると思います。

この三年間、つまり中学校三年と高等学校一、二年の3の時期は、1、2で得たところを一まとめにし、殻を突き破って、広い天地に知性が出ていく時期です。

それは、自分のまいた種がはえているようなものなのです。

そのまえもあとも、もちろんそうですが、小・中・高校の時期を通じて、児童・生徒を人の正位におらせることが大事です。

なぜかといいますと、四悪道にあっては、頭が人らしく発育しないからです。

教育の目的は、小・中・高校までくらいは、頭をよく発育させるにあります。

もっとも、小学校入学まえの二年と小学校一、二年のあいだに覚えさせたことは、忘れないのですから、これだけが、頭を発育させること以外の目的ということになりましょう。

ここで、3の知性開発の時期をもう一度見ましょう。この中三・高一、二の時期は、純粋童心の時代と対比してみますと、自然数の一を体得している純粋童心の時期とたいへん似ているのです。

これはなにも知性だけではないのですが、とくに知性についていいますと、2の時期が終わると、まえの童心のところと対比しますと、出てきた順序数がわかり、そして、この

3の時期を過ぎると、自然数の一がわかるようになるとでもいう時期なのです。情・意についても同じで、この3の時期に、自然数の一に相当するものができあがっていくと思われるのです。

そうしてから、大脳前頭葉がほんとうに働き始めるということになるのです。大脳前頭葉が働き始めるとはどんなふうになるかについては、のちに申します。

それで、もう一度、生まれて十六か月前後の子が、自然数の一を体得しようとしてどんなことをしていたか、思い出してみましょう。

ともかく、この子は、菓子を一つ手に持っていたら、他の菓子を持とうとすれば、持っていたのを捨てる。

なにか口に入れていて他のものを入れようとするときは、たとえかんでいてもそれを吐き出してから入れる。

一時に、厳密に一つのことしかしない。

それから繰り返し繰り返し全身運動を行なう。複雑な、種類のちがったいろいろな運動を行ないながら、たえず自分というものを、しっかり把握して離さない。

こんなふうにやっているのですね。

ここにあげたようなことば、菓子とか口とかいうのだけはちょっと困るのですが、それをもうすこし抽象的なものに置き換えさえすれば、いまいったことがそのままこの時期にあてはまると思います。「菓子を持っている。」というのを、「ものを把握している。」というふうにすれば、

「なにか一つのものを把握している。他のものを把握しようとするときは、そのものを捨ててからでないと把握しない。」

また、「食べものを口に入れる。」といっているのを、たとえば、

「ある知識を咀嚼《そしやく》しつつあるとき、他の知識を取り入れようとすれば、それを吐き出してしまってからでないと取り入れない。」

こんなふうにいい直せば、そのままあてはまるのです。

これは、多種多様なものを、あらゆる角度からやらせるのがよいと思います。

そのあいだはたえず精神統一をするのですから、その繰り返しによって精神統一ができるようになります。

統一は脳幹部が行なっているのでしょう。脳幹部は、そのとき情緒を統一し、意識を統一するのでしょう。

それができるようになったとき、大脳前頭葉がほんとうに働き始めるのです。

で、これだけのことを繰り返し繰り返し練習する。一時に一つというのがなによりも大

事なのです。

意志の教育

さきに、知・情には中心があるけれども、意は中心をもたない。意志は小学校から高等学校二年までの十一年全体を通じて、だんだんできていくものであろうといいました。

いま、知・情の十一年間、つまり、大自然が人の子を教育する第一、二期が終わったところで、この意志だけを取り出して述べましょう。

この意志に二義があります。

大脳前頭葉の抑止する働きと、情緒の中心が命令して大脳前頭葉が意欲する働きとです。その抑止は自由意志でできますが、意欲は自由意志ではできません。

抑止については、じゅうぶんいったので、意欲のほうを申します。

抑止がじゅうぶん働くと、人の正位を踏みはずさない。だから、あとは強く意欲してくれればくれるほどよいのです。また感情も人らしくなってきます。

感情についてはずっといってきましたから、あとは、意欲はどうすれば強くなるかということです。

自分のよい例を述べて恐縮ですが、善悪ともに自分の例を引かなければ詳しく知らないので許していただきたい、と思います。

小学校から始めます。そのまえも要ることは要るのですが、あとを申しますと、そのまえはどうすればいいかということは、ひとりでにわかります。

わたしは、小学校三年のころから「日本少年」という雑誌をとってもらいました。「日本少年」がくるのが、実に待ち遠しかった。もう売り出されるまえ、一週間ぐらいまえからは、たえず来ていないかと、いつもの本屋をたずねる。「来ています。」と渡されたとき、どんなにうれしかったでしょう。

家に帰りながら封を切ろうか切るまいかと、実にあけてみたいのです。見たいのだけれど、見てしまったらもうわかってしまうから、おもちかなにか、おいしいものを食べてしまったときのような気持ちになるから、知らないものを見るという楽しみがなくなるのが惜しいのです。

それでためらうのですが、ついには、封はたいてい切ってしまいました。

きれいな表紙を見ると、つぎには続きものが見たくなるのです。

しかし、これは読んでしまったらそれっきりになる。続きものは読むまえに、「ああなっているか、こうなっているだろうか。」といろいろ想像してみるのです。

それがたとえようもなく楽しみなのでした。

ずいぶん意欲していることが、わかっていただけるのではないかと思います。

これが大事なので、読むことではないのです。

それから中学校へはいってから、読むものがなくて困りました。寄宿舎にいたのであたえられなかったのです。

試験休みに進級の発表があると、そのとき教科書を売ってもらいます。買ってきた教科書を、帰ってから読もうと思うと実に楽しみでした。帰ったらいちばん好きなものから読み始めるのです。

下級生が上級生のを見せてもらったときのほうがおもしろかったのですが、歴史・博物、それから国語が好きでした。

数学がいちばん嫌いで（これはけっして読まない。）つぎが物理・化学でした。物理・化学は、あまり読みたいというほどのものではありませんが、それでも、「どんなことが書いてあるか。」と思ってすこし繰ってみました。

習字の教科書などなかなかおもしろかった。字がおもしろいのではなく、書いてある文句がおもしろかったのです。そんなふうで、物理・化学・数学以外は、一字も残さず読んだと思います。

これが意欲です。

それからとくに中学校の教え方ですが、あのころは知性で申しますと、夜が明けようとしてなかなか明けきらない長い夜明けの時期です。

それにたとえられます。

目覚めようとして、まだ眠っているものが心の中にいろいろあるのです。いわば、浅い眠りを揺り動かして目覚めさせる、こういうやり方をなさる先生の授業はみなおもしろい。

よい先生がくふうなさってお教えになれば、どんなふうにくふうなさっても、けっきょくそういうことになるのでしょう。

まさに目覚めようとしている心の中のものを揺り動かしてもらう。じょうずに揺り動かしてもらうとひどくおもしろいのです。

これも意欲ですね。

ですから、教育は、意欲のほうに目をつけてすることだと思います。

意欲をおこさせるというふうに教えることです。

それから大きくなってのち、どうするか。

理想をあたえるのがよろしい。理想は高いほどよろしい。しかも、いろいろな理想をあたえなければいけない。そのあたえ方はいろいろありましょう。

たとえば理想の人をあたえます。

これも、大勢あたえたら、そのうちどれかひとり取ります。

それから、たとえば感激しそうなことをあたえます。

これもたくさんあたえる。そうすると、身に合ったものを取って感激します。

あるいは、感銘しそうなものをあたえる。これも、いろいろあたえますと、そのうちから、やはり身に合ったものを一つ取って感銘します。

いずれもみな、一つずつしか取らないでしょう。三つに分けてあたえるにはおよびません。どれか一つ取れば、あとは取らないかもしれません。

理想の人を取れば、あとの二つは取らない。それからとくになにかのことに感激すれば、あとは顧みない。あるいはなにかのものに感銘すれば、他は顧みない。

男・女性によってもちがうかもしれません。しかし、どれか一つもてば、それはもう、目標を高くかかげることになる。

知情意の開発された状態

ところで、小学校一年から、高等学校二年までを通じて、知情意は、これだけのことをすれば、開発されます。その開発された状態について述べましょう。

高校の三年と大学一、二年、この三年間のことです。

この第三期は、正常に教育ができておれば、そしてまた、その人がそれを受けるに足るように生まれてきた人でしたら、真智はすでによく働いています。

もちろん人道にいるはずですから、つまり人の正位にいるはずですから、真智は当然働くのですが、このばあい、働いた真智が、よくその働きを発揮しているわけです。

では、どういうことができるかといいますと、意義がわかる大円鏡智、体取できる妙観察智、無矛盾がわかる平等性智、それから感覚の美がわかる成所作智。

これらのことができます。

矛盾があればただちにわかるのは、無矛盾が直観的にわかっているからです。

根本のものとしてこういうことができる。だから、結果として思考ができる。観察ができ、批判ができる。

これらは主として知的にいったのですが、情・意についても、すっかり成人らしくなっています。

とにかく、思考・観察・批判ができるのです。ですからこの三年間にできるだけ時間の自由をあたえて、そして自分を掘り下げ、自分で自分の守るべき道義をつくり、遠くを望んで理想像の最初の素描を描く。

こういうことをさせて、その理想像の素描によって行くべき場所を選ぶ。大学の専門課程にはいるのです。

ここで完全に選べるとよろしいが、現状では大学の教養課程にいるでしょうから、よほど制限されています。

専門課程は二か年しかありません。これでは、すこし短すぎますが、知識・技術を教えるのは、この専門課程にはいってからです。

だから知識・技術の教育は大学の専門課程、それともう一つは小学校の一、二年、それだけです。ですから専門課程の二年はちょっと短すぎます。三年ほしい。

専門課程にはいる前の三年間は、旧制高等学校のときのように、時間的ひろばをあたえることを主眼にしてほしいと思います。

残された諸問題

大学入試

大学入試の現状はまことに困ったものです。

教育全体をめちゃめちゃにしてしまっています。

しかし、これは人の弱点の一つである名誉欲（修羅道《しゅらどう》）・物欲・我欲（餓鬼道）に深く根ざしているのですから、火炎の燃えさかっているようないまの世相では、なかなかうまい対策がありません。

大会社が野球のスカウト式に人材の奪い合いをすることだけでもやめてくれると、よほどやりやすくなるのですが。

テレビでこういうことを聞きました。

「文部事務次官は、近く大学入試を全国的に一本にすることをきめ、問題は能力増進テスト研究所から出すことに決定して、いまそれに反対する大学を説得することにつとめている。」

なんということでしょう。

わたしはこれを聞いて戦慄《せんりつ》せざるをえませんでした。

いま、世のおかあさんたちは浮き足立って血眼《ちまなこ》になっています。

このことは「算数に強くなる」とか、「勉強をおもしろくするには」とか、「梅が枝《え》の手水鉢《ちょうずばち》、たたいてお金が出るならば」といいたくなるような本を書けば、すぐベストセラーになることでもわかります。

こんなときに、このように大きく目立つような変更をやれば、おかあさんたちはあわてて二、三歳の幼児に知能を増すための早教育を競争的に始めるでしょう。

そうするとどういうことになるかは、のちに丁寧に述べますが、一口にいいますと、知能の知は知識のことであり、知能といえば根本は記憶・判断であって、これらはみな大脳側頭葉のことですから、頭の発育や機能のことは中枢部になるほどまだよくわかっていないのですが、わたしにはかぼちゃが小さいままでひねてしまったようになるとしか思えません。

どんな恐ろしい結果になるか見てみなければよくわからないのですが、わかってからではおそすぎるのです。

大学入試については、みなが深い関心をはらってほしいと思います。どうしても名案がなければ最後の断を下すほかないのではないかと思います。それはくにが強権を発動して、学士号と大学の卒業証書とを廃止することです。

男女共学

厚生省が、三歳児の四割が問題児であると発表しました。問題児というのは、夜尿症を除いて、医者が見てひじょうな欠陥があるという意味です。

これがどれほど恐ろしい数字であるかは、このまま六十年たったと想像してくだされば、だれの目にも明らかでしょう。

どうしてこんなことになったかといえば、性本能を種族維持のためのものと見ないで、享楽の具と考えたからです。

原因は明らかですが、これもまた人の最大の弱点に根ざしているうえ、性本能のところは、人の心の美しいものと、獣的な欲情本能との混じり合うところですから、取り扱いがいっそう困難です。

進駐軍がはじめて来たころ、つぎのようなうわさがありました。

「進駐軍は日本を骨抜きにするため、三つのSをはやらせようとしている。」

三つのSとはセックス（性）、スクリーン（映画・テレビ）、スポーツ（運動）です。いま三つのSはこのくにに夏草のように茂りに茂っていますが、それを人々はどう見ているのでしょうか。

この問題についてもみながじゅうぶんよく考えてほしいと思います。

もし早急な解決策が見いだせなければ、とりあえず男女別学にもどすべきだと思います。

大学の数

日本の大学の数が全欧州のそれよりも多いのです。これでは困ります。

西独はいわば知的に働けるものはみな働かせようとしているようですし、フランスは天才教育のように見えます。

それでこの二つのくにについて、西独で大学へ行く人の比率はどれくらいかということと、フランスでエコール＝ノルマル＝シューペリウール（高等師範学校）と、エコール＝ポリテクニック（理工科大学）について、どれくらいの人たちがこの二つの学校に行くかという比率を、早急に調べてほしいと思います。

これという人がそんなに生まれてくるはずはないと思うのです。

対策はそれからですが、これもむずかしい。

大学に昇格させることは（内容さえ無視すれば）容易であるが、もとのものに下げることはむずかしいのが、やはり人情の大きな弱点だからです。

その後の研究

数え年六つ

個体の発生は種族の発生を繰り返すといわれていますが、それならば人の子が獣類と別れて人の道を歩き始めるのは幾つぐらいからでしょうか。

わたしは長いあいだこれを問題にしていたのですが、最近初めてわかりました。上の孫がちょうどその別れ道にさしかかって来たからです。

それは四月生まれとすると数え年六つです。

それでこの時期およびそれ以後の育児法というか教育法というかを、くわしく述べ足そうと思います。

数え年六つは第一次知的興味の働き始めるときで、同時に同じ年ごろの子が集団的に遊びたがるようになるときだと申しました。

こまかく観察しますと、この時期に「性本能」が潜在意識に顕現して動き始めているのです。

この時期にはとくに細心の注意をはらわなければなりません。

それでなければ、子どもはうまく人の道を進むことができないで、そのまま獣の道を進んでしまうかもしれないからです。

ではどうすればよいのでしょう。

人はどうして獣を離れて人になったのでしょうか。

獣的な欲情を人らしい情操によって抑止し、獣的な本能を意志的努力によって抑止するという長い努力の結果、今日の人の位置にまで向上したものにちがいないとお思いになるでしょう。

この年ごろおよびそれ以後の子を育てるにも、そのとおりにすればよいのだとわたしは思います。

具体的にどうすればよいかについてわたしの考えを申しましょう。

孫に実際そうさせているのです。

数え年六つといいますと、だいたい小学校へはいる二年まえです。

むかし日本に寺子屋というのがありました。

だいたい数え年で六つ、七つ、八つ、九つごろかと思います。

寺子屋ではこの年ごろの子に論語その他の素読や、意味をよく知らないまま字を書くことなどをさせていたのです。

一口にいえば丸暗記させることとです。

わたしはこの方法が意志的活動をさせるいちばん安全な方法と思います。

これがどんなふうに意志的活動になるかといいますと、丸暗記をしていますと、自然に精神統一をしています。

これは脳幹部の働きであって、これをさせますと、かねてたいせつな脳幹部の発育を促すのです。

この方法がなぜ安全かを申しましょう。

大脳側頭葉は記憶・判断をつかさどるのです。

このうち記憶のほうは関係ないと思うのですが、判断のほうは大脳前頭葉の命令なしにすることは、ほうぼうでたびたび申しましたように、それ自身好ましくないのです。

さらに悪いことは、大脳前頭葉は側頭葉だけでする判断を抑止しなければ働いてこないのではないかと思います。

そうしますと、衝動的判断（または類型的判断、側頭葉が単独にする判断のこと）をたえず働かせていますと、前頭葉はけっして、といってよいほど働かず、したがって発育もしないということになると思います。

そのほか平仮名を急いで教えてしまって、仮名書きのよい童話の本を読ませるのもよいでしょう。

これは同時に情操教育になると思います。

たとえば、土井晩翠の「星は落つ秋風の五丈原」（諸葛孔明《しょかつこうめい》をたたえた詩）なんかを暗《あん》誦《しょう》させるのもよいと思います。

情操教育についてですが、童心の世界から出てきたばかりのこの年ごろの子には、自他の別のあるおとなの世界の習慣がいちいち物珍しいのです。

わたしは、孫のきのみに聞いてみました。

「きのみ、人の喜んでいるのを見るとうれしいか。」

きのみは勢いよく答えました。

「ううん、うれしくないよ」

そこで、わたしは教えました。

「人の喜んでいるのを見て喜ぶ子はよい子だよ。」

きのみはこの珍しい話を目を輝かせて聞いていました。

「心情の美」は自他の別のない童心の世界にはないのです。

これはおとなのくにのものであって、教えてやらなければ子どもにはわからないのです。

これをじょうずに教えていくのが情操教育です。

心的雰囲気は清浄に保たなければなりません。

しりふりダンスをさせたり、欲情を挑発しそうな流行歌を歌わせたりすることは厳重に避けなければいけません。

ひじょうに害があると思われる意志的活動の一例を申しますと、この年ごろの子にピアノを技術偏重的に習わせることです。

これはキー・パンチング以上の衝動的判断だと思います。

もっと小さい子だとますますいけません。

こんなことをしても害がないのは、ピアノをひかなければいられないという天才児だけです。

このばあいは大脳前頭葉が命令しているのだから、すこしもさしつかえないと考えます。

わたしの郷里は和歌山県の山の中なのですが、聞くところによると、いま郷里をあげて小学校の下級生に電気オルガンを習わせているということです。

わたしは暗然として、ここをくわしくお話する勇気を失ったのですが、ようやく、「為《な》すと為さざるとはわれにあり。」と思いなおして、気を励まして申し上げたのです。

南洋の土人を見ていますと、しりふりダンスと、歌とだけがじょうずですが、日本人もいまにだんだんそうなっていくのではないでしょうか。

わたしが、「こんな教育をすると大脳前頭葉が発育しない。」といいますと、上の娘が、「百姓や職工にどうして前頭葉がいるの。」と聞きました。

それをご説明しましょう。

テレビでドクター＝キルディアがいみじくも申しました。

「この患者にはまだ感情が残っているから、やがて考えることができるようになるだろう。」

自動車事故で左の大脳側頭葉を損傷した患者についていったのです。前頭葉の発育が悪いと、感情に基づいて考えるという考え方ができない。また抑止を自由意志によってすることができない。人はこの自由意志の代償として向上すると思われるのでして、自然に抑止されるようになっていないのはこのためでしょう。またファーブルがこん虫について観察したように、疑惑・不安・危惧《きぐ》がおこらないのです。

だからどのように心配なことを見ても聞いても平気なのです。

この三つをあげただけでも、なるほどこれでは人として困るということがおわかりになるでしょう。

人そのものは情緒（広義）であって、その第一の道具は大脳前頭葉、第二の道具が知能（大脳側頭葉）だと思います。

だから大学の入試はこの順に重きを置いて行なうのがよいと思います。

人の道をはずさないように、獣の道へおちないように、子どもを守り続けることは、小学校へはいる二年まえから始めて、わたしたちのとき女性に初潮のあった年の前年である中学三年まで続けるべきであって、これが教育の本義だと思います。

守り方は前にいったように情操によって欲情をおさえ、意志的活動によって本能をおさえることを通せばよいと思います。

情緒がいちおうじゅうぶんよくわかるようになるのは小学校四年のときです。

小学校五年からは大脳前頭葉の基礎的訓練を始めるのがよいと思います。

こんなふうにすれば大脳古皮質（欲情の温床）の発育をおさえ、脳幹部・大脳前頭葉・大脳新皮質（大脳皮質の上半、人の人たるゆえんのところ）の発育を促し、大脳の発育期間を中学三年まで続くようにし、それが終わってのち成熟のしるしがあるようにできると思います。

そのさい心的雰囲気はじゅうぶん清浄に保たなければいけません。

女性と情緒

男性と女性

わたしは、奈良女子大に勤めて、だいたい十四年になります。なぜ、ここに勤めるようになったかといいますと、それまで、土地とか畑とか山とか家とか、そういったものを、わずかだったけれども、すこしずつ売っては家族を扶養していたのです。が、売るものがなくなった。

それで、家族を扶養するためにどこかに勤めたい。こんどは、いわばパンのためだから、どこでも気ままはいわないから、と友人に頼みました。終戦三年めぐらいのときで、奈良の女高師がちょうど昇格するから、というのでせわしてもらったのです。

それまで、数学を教えるのは、自分の経験を教えることだから、経験を教えるのに、べつに教え方なんか、教えてもらう必要はない。考える必要だってありはしない。そう思って、教育ということについては、すこしも考えませんでした。

奈良の女子大でも、その調子で教え始めたのです。

ところが、こんどはそうはいかない。それではさっぱりわかってくれないのです。女性は、ある意味においては男性にいちばん近いといわれている生物ですが、他の意味では、ずいぶんそうではないらしい。

それで、いったいどこがちがうのだろうかと思って注意し始めました。

答案なんかでも、ずいぶん調べました。

これが、女性というものを認識したはじめです。

ところが、調べれば調べるほど、男性と女性とはちがった、ひじょうにちがったところのある生物である、ということがわかってきました。

それをすこし話しましょう。

一口にいって、男性は知から情へ動くのです。ところが、女性は情から知へ動く。動くというのは、意志がその向きに働く、ということです。

いろいろないい方がありますが、動くという点から見れば、意志がその人ですから、まるで反対の向きの人ということになります。

合わせると一つも意志が働かないことになる。これが安定というものかもしれません。

ところで、大脳生理学にもどって、知から情へ動くというのはどういうことでしょうか。あるいは情から知へ動くというのは、どんなことか。

だいぶんむずかしいことになります。

これは、こういう意味です。

知から情へ動くというのは、まず大円鏡智が働いて、そして、ものの意義がわかる。それから妙観察智を働かせて体取する。こういう順にやるのです。

女性のほうは、いちおう意味がわかったのち、さきに妙観察智を働かせて体取する。それから大円鏡智を働かせて、意義がわかる。こういう順だと思います。

男性の情というのはよくわからないけれども、女性の知というのは、情緒がわかるという知なのです。

男性のはよくわからないというのは、形に現われないのです。

女性は、花でいうならば、そのいろどりであって、「色香も深き紅梅の」というのが女性で、これが情緒です。

男性はその梅のかおり、志気といわれているほうだというのです。

女性の順にいったら情緒というものになって残りますが、男性の順にいったら、どこに抜けてしまうのだかわからない。意義がわかってから体取する、というのですから、かおりとなって発散してしまうのだと思えます。

だいたい、中学校の三年、高等学校の一年というころ、感激するということをやってみることによって、感激するということのできるような人になるという時期があります。

このとき受けた感激は、種として心の奥深くまかれます。心の奥深くまかれた感情の種は、それが芽になり成長すると、その植物、つまり感情樹が、だいたいその人の一生をきめてしまいます。

わたしはその時期に数学をやり、クリフォードの定理の神秘さに感心して、けっきょく、数学をやらなければ気がすまなくなった。

男性は、この時期にまいた種どおりになります。

女性のばあいは、それが情緒となって残るはずですから、なおさら強いものになりはしないかと思うのです。

で、旧制女学校の三年・四年というころ、いったいどんな種のまき方をしてあるか知りたいのですが、まだひとりも聞いたことがありません。だからわからないのです。

しかし、女性には、あるひじょうに感銘を受けた情緒として残るはずなのです。そのいろどりのみが「色香も深き紅梅の」と感じられて、ほかのものは、みないやだとなってしまうと思うのです。

だから、なおいっそうきついものになるでしょう。具体例がほしいけれど、まだ、一つもありません。

もう一つ、男性と女性でひじょうにちがっていることがあります。

童心の時代の遊びです。

みんな、わかっていないはずはないと思うのですが、だいたい、ひとりひとりのその人本来のところはなにかというと、童心の世界なのです。

この童心の世界は、生まれてだいたい三十二か月で終わります。この三十二か月が中核だと思うのですが、この三十二か月のうち、八か月ぐらいたってから、あとの二十四か月というものは、繰り返し繰り返し同じことをやります。

繰り返しの時期、つまり、ロンドの時期です。

はじめはそれほどではなくて、だんだん激しくなりますが、この繰り返しの時期のあいだの男・女性の遊びがちがうのです。

男の子は乗り物のおもちゃだとか、棒きれとかが好きで、棒きれなんかのときは、その棒きれを持って、お山の大将なんかして遊ぶのが好きです。

女の子はお人形が好きで、そのお人形といっしょに、原則として、すわってままごと遊びをするのが好きです。

そしてそのときは、空想の世界にじゅうぶんひたる。

男性は運動に身をまかせ、女性は空想の世界にひたる。

こんなふうに、すでに遊びが分かれているのです。

人がだいたい三十二か月できまるとすれば、そのうちの二十四か月の繰り返しの時期において、その遊び方が男女でこんなにちがっているということを見落としていいものか。

ともかく、この二十四か月が、こんなに徹底的にちがっているのです。

やはり、子どものことをよく観察していたときで、だいぶまえになりますが、乳母車に乗って押してもらっていた女の子が、乳母車の中で嫣然《えんぜん》として笑っていたのです。

これは芥川の好きな字ですが、嫣然として笑う、とはこんなふうな笑い方をいうのだと知ったくらいです。乳母車は夕暮れの佐保川堤を押されていたのですが、山本有三《やまもとゆうぞう》の表現を借りると、まるで白い花がひらいたように笑っていたのです。びっくりして、いくつか、と聞くと、ちょうど数え年四つです。

数え年四つで、すでに嫣然として笑うとすれば、三つまでのうちに、女性の女性たる所以《ゆえん》のものは、なに一つわかっていないものはないと見るほかない。

つまり、体験していないだけであるということになります。情緒的には、みんな知りつくしている。でなければ、嫣然とはちょっと笑えない。

そう思って、なお女性を見たのです。

数え年六つのころになると、集団的遊びをします。

そういう遊びの最中に、わたしは、ぜんぜんうそ泣きに泣いて見せている女の子を発見しました。

女の俳優的天才は、数え年六つですでに出るものらしい。これでわかった。

男性のほうはかえってわかりにくいけれども、これは女性に見てもらったらよくわかるのかもしれません。とにかく女性のばあいは、こんなに早く出るのです。

だから、情緒的にははじめからすべて知っている。知らないのは体験的に知らないだけなのです。

女性は心の悦《よろこ》びがよくわかる。心の悦びというのは、単なる悦びとはちがうということを、はじめから知っているのです。

その心の悦びというのは、どういうものか。

心の悦び

真智の内容を、感情的に、つまり感情という角度から見たとき、その真智の内容が悦びであり、そして、その悦びが感ぜられるのが心の悦びなのです。だから、真智の光のさすところには、心の悦びがかならずありますが、その光のささないところには、心の悦びはけっしてないのです。

近ごろ忘れられてしまっているけれども、古人がよく使った忘れてならないことばの一つに、六道というのがあります。

六道輪廻《りんね》などという、あの六道です。

六道からいうと、人道から上の仏・菩薩《ぼさつ》にいたるまで、それが人の正しい位なので、これを人の正位ということにします。

そうすると、残りの四悪道は人の位ではない、ということになるのです。

四悪道とは、修羅・畜生・餓鬼・地獄の四道です。そこはもはや陸地ではなく、どろ沼の中です。

このどろ沼は、水際のところで踏みとどまることは容易ですが、いったん、そのどろ沼に足を入れると、ずるずる、ずるずる、と引きこまれて、踏みとどまりようがない。底なしなのです。

このどろ沼には、けっして悦びの光はささないのです。真智の光はとどかないのです。陸には豊かにそそいでいる真智の日の光が、そこにはけっしてささない。

だから、心の悦びというのは、人の正位におればかならず得られ、正位にいなかったらけっして得られない。

こういうものなのです。

ところで、女性は心の悦びということをよく知っていて、そしてこれを望み、これが得られることを楽しみにして大きくなっています。

そこで、人の正位におればこれはたやすく得られ、人の正位にいなければこれはけっして得られないということを、女性に教えなければならないでしょう。

女性を教える先生は、小学校以来ずいぶん多い。しかし、この簡単なことを教えてやる先生がひとりもいないばあいがひじょうに多いように見受けられる。

これは、なんという不親切なことでしょう。そして、多くの先生についていながら、そのだれひとりからも、このたいせつな注意を聞かなかったために、ついに、どうしても心の悦びなど得られないような境遇に落ちてしまうという、そうした女性は、なんとかわいそうなことでしょう。

これだけは、ぜひいっておきたいと思います。

もう一度いいます。

修羅・畜生・餓鬼・地獄、この四悪道には真智の日光はささない。したがって、その内容である心の悦びはけっして得られないのです。

どうすれば心の悦びが失われないか

修羅道といいますが、それでは、どうすればいちばん修羅道へ行くかというと、衝動的判断、これは修羅の行為をすることです。その行為をすればすぐ修羅道へ行きます。

衝動的判断は、たとえば、キー＝パンチャーというのがあります。キーをたたく職業で、よく若いお嬢さん方がなさる。

このキー＝パンチャーの仕事は、キーをたたけという判断がすでに衝動的であり、それに引き続いてじっさいにキーをたたくという行為さえあります。

だからして、これは、一つ一つが修羅の行為なのです。修羅の行為をしているところは修羅道なのですから、したがって、悦びの光はけっしてさしません。

八時間か六時間か知りませんが、ともかくそういう長時間、悦びの光のけっしてささないところにいるというような境遇は、とうてい、若いお嬢さん方の長く耐えられる境遇ではないのです。

情緒の中心が枯れしぼんで、生きていこうという意欲がなくなってしまう。そのために自殺する人がいるのです。

修羅道へ行くまいと思ったら、なによりも衝動的判断をおさえなければいけません。よく批判的精神などといって、小学校の一年生あたりから「批判」をさせているようですが、批判力というのは高等学校三年ぐらいにならなければ顕現しないと思われますから、批判できるはずがありません。

あれは、人の欠点を見いだして、そして全体を否定するというやり方で、これは明らかに衝動的判断です。つまり、修羅の行為をさせているのです。

修羅の行為のうちでも、とくに悪質なものなのです。

そんなふうにしていると、人の長所がわからなくなってしまい、また、欠点に対する厭《えん》悪《お》感《かん》が増大します。人の長所がわからず短所に対する厭悪感の強いのを小人といい、人の長所がよくわかり短所に寛大なのを君子といいます。そして、古人は、君子をつくり小人をつくらないのを教育の根本方針としていたのです。

いまは、小学校の最初から批判などさせる結果、乾いた土が水を吸うように新しい知識を受け入れるのが望ましい時期にもかかわらず、中学生の多くが、自分の知っていることでなければ素直に受け入れようとしません。

これでは向上のしようがない。

人の心のあたたかさも感じられない。

人の心のあたたかさというものは、悦びの光が人の心というものを通してさすのですから、その光がささなくなるような教育は絶対にやめなければいけないのです。

そのほか、いまの教育には衝動的判断がひじょうに多い。これは、ことごとくやめなければ修羅道へ行きます。修羅道に行けば悦びは感じられない。

だからして、修羅の大魔王には、人の悦びを取ってわが悦びとする悦びの寄生虫がいる。大自在天というのがそれです。

修羅道の特徴は、上《かみ》におもねり下《しも》に威張る。あるいは、多数におもねり小数に威張る。人の情はすこしもわからない。だから、下情を訴えてもぜんぜん通じない。

衝動的判断をおさえると、ここには行かないのです。

それから、人が獣の心をおこすということはいけない。

行為をすればもちろんですが、思っただけでもいけない。

人が獣の如き心をおこしたら、これは畜生道かというとそうではなく餓鬼道です。それは、節度がないからです。餓鬼道は、肉欲・我欲がもとで行くところです。行為だけでなく思うだけでもいけない。

しかし、だいたい恥ずかしいということがわかっておれば、ここには行かないのです。羞恥心というものは、いちばん大事なのです。

羞恥心をあたえられているということは、ひじょうな恩恵があたえられて生まれてくることです。羞恥心というこの薄膜が、ひどく肉欲・我欲をおさえるのです。

恥ずかしいと思ったら顔が上げられない、耳まで真っ赤になるように感じられる。男性も、ここまでの恥を知るということがあるにかぎる。

しかし、それほどでなくても、ともかく、恥ずかしいということを知っていたら、それでじゅうぶん羞恥心なのです。

これがあれば餓鬼道に行くことはありません。つまり、人中で口に出していえないような意欲はおこさないし、おこらないのです。

餓鬼道へ行けばどうなるかといいますと、価値判断がまったくできなくなるのです。

名誉欲というのがあります。

これは欲のうちでいちばん軽いのですが、やっぱり価値判断ができなくなってしまうから、餓鬼道でしょうか。それとも、良質のものは修羅道でしょうか。

修羅道に入れたいような気もするのですが、とにかくこれがあれば人の情はわからない。

価値判断も同じようにできない。やはり餓鬼道に入れるのがほんとうかもしれません。

しかし、人によっては名誉欲を修羅道に入れています。

ともかく、人に勝ちたいというふうな、そういう衝動的判断、これは修羅道なのです。

それでは、畜生道へ行こうと思ったら、いったいどうしたら行けるか。獣の如き考えをおこしたら畜生道へ行くかと思ったら、餓鬼道へ行ってしまった。

畜生道へ行きたいものはどうすれば行けるか。

人と獣とのいちばん大きなちがいは、人には人の感情がわかるが、獣にはわからないということです。

人は思いやりということができるというのが、ちがいなのです。

だから、せっかくあるそのちがいを捨てて、思いやりをしなければ、これは畜生道です。

したがって、利己心は畜生道なのです。

畜生道それ自体は、おそらく、底なしではありませんが、それからすぐ餓鬼道へ続くのです。

修羅道は、おそらく、底なしですが、しかし、修羅道のさらに恐ろしいのは、それからはすぐに地獄道へ続くことです。

だから、人道―畜生道―餓鬼道、それから、人道―修羅道―地獄道、とこう続くばあいが多いのです。

では地獄というのはどういうところか。

地獄道というのは、むかしはめったに行くことがなかった。だが、いまはわりあい多いのです。

物質現象を引き去ればあとはゼロだという考えの、徹底的な物質主義者があります。

この考えは地獄道のもとです。

で、こんな考えがあれば、すぐ取り除かねばなりません。

ところが、修羅道へ行って悦びがわからなくなると、すぐこう考えがちなのです。つまり、物質現象を引き去ればあとはなにも残らない、と思うようになりがちなのです。

そうなれば、もうこれは地獄道です。

もう一つ。

これは、めったに人はもっておりませんが、残忍さをもっておれば、これは堕地獄のもとです。気づいたらさっそく取り除かねばなりません。

慈悲心があれば、畜生道へは行かない。

羞恥心があれば、餓鬼道へは行かない。

衝動的判断をおさえて考えることを静慮《せいりょ》するといいますが、この静慮するということを知っていて、衝動的判断をおさえることができれば、まず修羅道へは行かない。

そうすると、物質現象以外になにもない、などというひどい考えにとらわれてしまったり、あるいは残忍性というようなひどいものを残しておいたりしないかぎり地獄道へは行かない。

それで人道から上におられることになるわけですが、行きかけたときも水際でならばすぐに踏みとどまれるのです。

踏みとどまるための静慮とか慈悲心とか羞恥心とかいうものは、あまり強くなければ、つちかうことでだんだん強くなります。

ほとんどなくなっている人も、つちかっておればちゃんとまたよみがえり、とくに、恥ずかしさなど、完全にでき上がっていって、そして人道から外に出ることを完全に守ってくれる。そういうふうになるのです。

どろ沼の中にいると思われる人も、そこにおりきりになっている人はまずない。一日のうちで、陸地にいる時間よりも、沼の中にいる時間のほうが多いという人が多いので、そういう人は、陸地にもどったときに、陸地から沼にはいろうとするところで抵抗するのです。

それを繰り返し繰り返しやっていると、だんだん陸地にいる時間が長くなり、ついには、陸地にばかりいることができるというふうになるのです。

人道にいることができないときは、心の悦びを求めていても得られないために、刹那《せつな》的な刺激を悦びととります。

その印象はちょっと悦びに似ていますが、それはあくまでも刹那的な印象であって、二度めからは刺激を強くし、三度めはますます刺激を強くし、こうしてだんだん刺激を強くしていかなければ、同じ印象は受け取れないのです。

こういうやり方をしておれば、ますます破綻《はたん》に導かれることは明らかなのです。

それでとくに、女性は恥ずかしいというのが大事です。恥ずかしいというのは、男・女性を問わず、心の闇を照らす大日輪、日光です。

それから、やはり大事なのが思いやりで、これは内心をやさしく照らす慈悲心です。

この二つが、自分の内心にさしこむ日と月の光なので、これによって内心をきれいにし、静慮して衝動的に行為しないという習慣をつければ、それで人道から上にいられるわけなのです。

ほんとうは、人の正位にも高低があります。上にのぼればのぼるほど、ますます心の悦びは余計得られるのです。

それがわかっているから、つまらないものをみな捨ててしまって、上にのぼろうとするのです。なにも、自分を苦しめて悦んでいるのではないのです。

終わりに

わたしたちの住んでいる世界を、宗教界と対比したとき、これを理性界といいます。理性界におけるいろいろな流れ、たとえば数学・科学・教育・芸術などを、源を尋ねてさかのぼると、どれもみなとちゅうでわからなくなってしまいます。ここが理性界の終わり、宗教界の始まりです。この理性界の端に立って望み見た宗教界が、無差別智《むさべっち》の世界なのです。

そんなふうですから、理性界についてすこし深くいおうとすると、かならず無差別智のことが出てきます。ところが、編集の人たちの意見では、どうもここのところがすこしわかりにくいというのです。

わたしは、これは無差別智というものの存在が信じにくいためだろうと考えました。それで、だれか実力・知識をじゅうぶんにあわせ備えた人に説明してもらうのがよかろうと思いました。

すこしまえのことになりますが、山崎弁栄《やまざきべんねい》という上人がありました。安政六年にお生まれになり、大正九年になくなられた方で、光明《こうみよう》主義という仏教の一宗をおはじめになった方です。

この上人のご伝記は、時代が新しいので、きわめて明白にわかっていて、疑う余地がないのですが、明治十二年十一月、おん年二十一歳で出家して浄土宗にはいられてから、明治十五年八月、おん年二十四歳のとき、筑波《つくば》山で、仏眼了々と開けて、見仏せられるまで、四年とはかかっていられないのです。わたしは、ご伝記を七へんくり返して調べたのですが、ご生涯を通じて一点の私心も見いだせませんでした。この上人のおでしが笹本戒浄上人、この方もすでになくなられたのですが、そのおでしの杉田善孝上人は、現におられます。わたしは、この方ならばと思いましたので、お願いして、一章を書いていただきました。この本の終わりに添えたのがそれです。

杉田上人は、無差別智のところで、霧に隠れて見えなくなってしまっている、理性界の諸川の源が、どのような巍峩《ぎが》たる高山に発するかを、山容をはっきり描いて見せてくださいました。ただわたしは、報身《ほうしん》のお心は大慈悲であることを念のためにいい添えておきたいと思います。

わたしは科学者としてこの十六年、弁栄上人のお教えに基づき理性界の諸川の流れを詳しく調べ、そこに一の矛盾もなく、説明のつかないものもないことに驚嘆を禁じえなかったのです。

なお、この本のさし絵を担当してくださった河上一也《かわかみかずや》さんは、実に真摯《しんし》にご執筆くださいました。たとえば、すみれを冬写生するために、奈良から四国へ飛行機で飛ぼうとなさったほどでした。

岡　潔　識

解説　無差別智の世界

杉田善孝

大自然（本文二五ページ）

ここにひとりの人が大空の下、大地に立っています。かれは静かに呼吸し、心臓は脈打っています。そのような物質現象をもった個人格としての生きたかれには精神があります。その精神は本来一つですが、属性として智力と意志とをもっています。また、かれの智恵は観念と理性と認識と感覚の四作用に分類できます。かれはこのような精神、すなわち人格をもった一個の生命体であるわけです。

しかし、一個の生命は生命あるものでなくては産むことができないのではないか。かれには両親がある、その両親にはまたそれぞれの両親があるというふうに、先祖へ先祖へとさかのぼっていくと、けっきょく進化の歴程をさかのぼって、ついにはアメーバ、モネラといった単細胞当時にまで達します。さらに、これらの単細胞はなにものが産んだかというと、帰するところ太陽を父とし、地球を母として、けっきょくは大宇宙が産んだといわないわけにはいきません。すると大宇宙が生命を産み出したこととなり、それなら大宇宙はやはり一大生命体ではなかろうか、ということになってきます。

かれという身体と精神をもった人間がこのようにして産まれてきたのは、生物の進化というたいへんな過程を経てきたわけですが、この現われるということは本源があればこそ現われるので、ないものは現われません。その本源はなんでしょうか。今、それを大宇宙に求めるのはなぜかというと、かれは直接には両親が産んだが、ほんもとにさかのぼれば大宇宙が産んでいるからです。ですから大宇宙は、本源としての一大観念と、一大理性と、一切認識と一大感覚の本源という一大智恵と、一大意志とがなくてはならない。つまり一大人格的存在でなくてはならないはずです。

つぎに身体と精神の関係ですが、身体は被使用者で、使用者は精神、頭の中にある自我です。自我が運動しているとき、身体全体はそれに従って動く、身体全体は自我によって支配され統ぎょされています。すなわち、主宰の意味で自我がかれ全体の中心だといえます。そして、感じとして自我はその身体全体を自己内容としています。

ちょうどそのように、わたしどもの本源としての大宇宙にも自我に相当する中心があって、光明主義ではこれを絶対中心、報身といいます。この中心は大宇宙全体を支配し、大宇宙いっさいをその自己内容としています。その属性として、一大智恵と一大意志（能力）とがあって、これを宗教的に光明と申します。岡先生の大自然とはこの大宇宙（全体と中心）のことであり、大は無限無数を包含する意味でもありますから、肉眼で見たただの天地万物はその上っつらで、それあらしめている一大智恵（先生の四智）と能力との無限の奥行きを含めたものです。従来の仏教は、大宇宙の全体、すなわち法身《ほっしん》を根本前提としてきましたが、光明主義は全体の中心――報身を根本前提とした教えであり、先生の思想も信念もこれに基盤をおいていられます。

大自然の叡智《えいち》（本文二六ページ）これはつぎの四智をさしていられます。

1　大円鏡智《だいえんきょうち》（本文二七ページ）

無限の大宇宙つくして心ならざるはなく、それは時空を超越しているから、その心の中には大宇宙いっさいの物質的、精神的両面が了々と写っています。

たとえば拍手したとします。わたしどものように音波が聴官に伝わって注意活動が向けられて聞く間接認識ではなく、かかるなんらの心理学的媒介物を必要とせず、鏡にたとえると、まるで物が鏡に写るようにわかる認識の仕方（直接認識）によって、了々と認識する。しかも、この音のするところがただちに鏡で、そこで了々と直観する。たたいたところに聞き手の心の本体としての鏡の体があるからです。また、日常経験する世界も鏡智以外のものではなく、日々経験する森羅万象は鏡智の相対的分現で、鏡智はそれ自身全体であり絶対です。

2　平等性智《びょうどうしょうち》（本文二六ページ）

ウィリアム＝ジェームスは、「心とはいかなるものかとせんじつめると、けっきょくThe《ザ》 knowing《ノーイング》（知る、わかる）というほかない。」といっています。心は知る、見る、痛みを感ずるなど**覚り**《わか》でないものはない。それは部分には分けられない全一のものです。たとえば、ここにわたしの顔や声に注意を向けてくださるときは、まざまざとここにわたしの顔や声が見え聞こえている。そのとき、ただ色・形や声の五官的対象があるのみでなく、その色・形や声の覚りがある。すなわち認識の主体がある。しかし、わたしどもは、「これなんだ。」といわれると、色・形だ、とじかにいえても、覚りとはいえない。それは差別だけに気づいて心の鏡の平等面に気づかずにいる状態です。

認識の働きが、覚りというところに働くようになったときは、五官的対象としての色・形というものはまったく消えてなくなります。覚りとは本来無一物、本来無東西、大宇宙つくして姿・形なにもない空《くう》です。時空を超越し、いっさいを認識する主体というところからいえば絶対主体として、ただ了々、はっきりはっきりめざめているというほかないものです。こういうのが覚りの当体、大我です。これは、永遠不滅、大宇宙いっぱいの我であります。

カントは意識一般といい、ヘーゲルは純粋覚知といった、内容ぬきの形式。だから平等性智は心の鏡の体だけ。鏡とその中に写る影といっしょに名づけると大円鏡智となります。

わたしどもは宇宙の一分子だからその一部分をもらっています。この拍手の音が聞こえるでしょう。けれど頭の中に聞こえている事実はないのです。この音にするところで聞こえている、覚っているでしょう。それは聞く主としてのあなたがそこに在るからです。音波・神経系統・注意活動という三つの原因が結合したとき、本来からある覚りがそこに働いて拍手の音が聞こえることがありえます。音という一面は原因あってできてはなくなる無常なもの。けれど、他の一面は聞く主としてのいつも変わらぬあり通しの我、大我です。そうであるのに、ただの音だと思い、聞く主は変わりに変わるこのからだだと思っている。それは覚らるるものだのに覚る主と思っている。まさに業《ごう》と煩悩《ぼんのう》のしからしむるところです。

また、見る・聞く・働く、みなともに自分でわかる。わかるのでなければ心理学も倫理学もありえません。しかし、それは原因あって結果する現象としての心です。そしてわたしどもの認識の働きは、できてはなくなり、なくなってはできる現象の方面にとらわれている。そのとらわれている現象のほうから、覚りを見たばあいを、金剛経《こんごうきょう》に「心《しん》不可得《ふかとく》」（本文三九ページ）といっている。この自分の経験の本質真相がなかなかわからないということです。だから、「心不可得」とは、肉の心によって経験することはできるけれども、大宇宙全一の本来心による直観でないから、自分の経験の本質真相は不明である、という意味でいっているわけですね。なお性智についてはもう一面からいわないといけないのですが、今は略します。

3 妙観察智《みようかんさつち》（本文九四ページ）

大宇宙は分かつべからざる唯一の我。その大我の心をもって、たとえば針の先を見ると大我全体が働きかかる。その大我の中にいっさいが包含されているから、針の先に大宇宙を見ます。いっさいが一にはいり、一がいっさいにはいる。光明主義の開祖弁栄聖者は、「目の中へも宇宙の星がはいる。」とたとえられ、「いっさいはくっついている。」と教えられました。

わたしども日常経験の世界もその一部分が現われています。何億万という遺伝質が顕微鏡的単細胞の中にことごとく伝わる遺伝現象や、雌しべと雄しべが合体して結実するように、べつべつのものが合して分かつべからざる一生命体となることや、また種々の化学変化などは察智のしからしめるところです。

4 成所作智《じようしよさち》（本文九四ページ）

わたしどもに叡智の目を開かせて、絶対界の感覚差別の現象を見させる力です。日常経験の世界にも一部分現われていますが、たとえば感覚器官に刺激あらしめ、注意あらしめて感覚作用あらしめるごときといったものです。

このように大宇宙は、なに一つとして四智の顕現分現でないものはないというわけです。したがって四智は、わたしどもの日常経験に関係はあるが、経験から生ずるものでなく、経験に先んじて存在するものであって、経験が起こるときかならずそれを伴わなければ経験が成立しないもの、すなわち先験的のものですから、**先験観念**（本文二五ページ）と先生はいわれたのでしょう。

仏教では三昧《きんまい》という統一的に働く精神作用を重んじます。それは認識の主と客の別をなくならせて一つにする性質があるので、仏道修行の根本とします。光明主義は三昧心をもって直接純粋に四智全般といっきょに合一することを目的としますが、身心を通して、その程度程度において四智が発現したところの直観（直接認識）を先生は**純粋直観**（本文九四ページ）といわれています。

無差別知ということですが、四智のおのおのを理性平等形式の面と感性差別内容の面に分けて、理性平等形式の面に関するものをふつう無差別智というのですが、先生は形式内容ともにあわせた四智全体を無差別智といっていられます。なお、仏教では智恵は大慈悲の発露です。

無生法忍《むしょうほうにん》（本文二八ページ）

仏教でいう法身には三面あるといいますが、三昧体験の事実からそれとの合一の順にいうと、性《しょう》（いつも変わらぬあり通しの永遠の生命）、如来蔵性《にょらいぞうしょう》（大宇宙いっさいの差別の象の本体）、法身の理法（平等の理法）であり、禅宗でははじめの性との合一をもって無生忍といいますが、弁栄聖者は三面全体、とくに法身の理法と合一した境界、如来の平等形式の面と合一したところを無生忍といわれました。

如来はその本体、法身《ほっしん》の全体、平等形式の面だけが、とわに、おのずと存するのではなく、その中心、報身《ほうしん》もまた同様です。したがって四大智恵の相も大霊力も、絶対同時に、もとより完全円満に備わっています。その事実をめいりょうに認識したところを無生法忍といいます。

如来の差別内容の面と合一したところで、平等形式の面の真理認識はいまだ低く、それよりさらに進んで、わたしども衆生《しゅじょう》のいっさいの活動をも含む相対・絶対両界の無限の変化、無数の差別の現象の一つ一つの面において絶対最高の真理を了々と認識した境界です。無生忍では認識できなかった相対・絶対の現象の差別の理法、その差別の理法と平等法身の理法とが総合統一調和している甚深微妙《じんじんみみょう》の状態を直観できます。「相対・絶対両界の根本仏としての報身のいっさいの理法と合一した境界である。」と光明主義二祖戒浄上人はいわれました。

ゆえにこの悟りを得ると、たとえば代数の一や幾何学の点などその実質内容を正しく直観できます。数学では一や点はすでにわかったものとしてとり扱うが、その一や点はなんだろう。わたしどもにはわかりません。how（いかにして）は理性によってわかるが、why（なぜ）はわからない。ゲーテのことばを借りれば、Offentlich《エッフエントリッヒ》 geheimnis《ゲハイムニス》（公開せる秘密）ですね。それがはっきりと認識されます。またキリスト教の原罪説、従来の仏教起信論の忽然念起《こつねんねんき》無明説《むみょうせつ》（忽然として差別の念が起動するを無明となし、さらに由来するところなければ忽然という）など、「その発動するところを発見することあたわずして古来妄霧のうちにかれは形を隠せり。」と聖者が批評されているとおりですが、聖者はここに宗教史上はじめて無明の由来を明らかにされました（また、その他物質現象の発現について等々）。無生法忍における真理認識は自然科学的真理認識の基礎認識・根本認識となり、この立場に立てば今後いかように自然科学が発達しても、光明主義によって科学を総合統一することができる。自然科学のみならずいっさいの学問・芸術などについても同様のことがいえるわけです。

光明主義

実に絶対中心、報身全体と合一した無生法忍の境界こそ、いっさいの宗教の中心真髄、いっさいの学問の核心であります。そしてこの無生法忍によって直観した事実に基づいて、帰納的に、大宇宙なる如来の事実、真理を説いたのが弁栄聖者の光明主義ですから、光明主義はこの中心真髄、この核心をはっきりと説いた教義信仰であり、したがって、光明主義は、いっさいの宗教、いっさいの学問を包むと同時に、これらを超越した真実の宗教である、といいえます。

今、わたしどもの敬愛する岡先生が、「科学者の目から見て矛盾を感じない宗教は光明主義一つしかありません。それは二十世紀の奇跡です。」と賛嘆してやまれぬ理由は、ここにあるのです。

文庫版解説　岡潔の教育論について

内田　樹

没後四十年を過ぎた岡潔の随筆が立て続けに復刻されている。ひとつにはアラン・チューリングと岡潔という二人の数学者の歴史的業績を深く論じた森田《もりた》真生《まさお》君の『数学する身体』（新潮社、二〇一五年）が注目を浴びたせいで、「岡潔」の名がメディアで繰り返し言及されたことがある。もちろんそれだけではない。すべての人を激しく衝き動かす本質的な考想が岡潔の言葉には含まれているからこそ、岡潔の書いたものは時代を超えて読まれている。とりわけ今この時代にこそ岡潔は読まれなければならないと私は思う。

　というのは、本書「まえがき」で岡は「このまま行くと、六十年後の日本には、ちょっと乗りこせそうもない、きびしい寒さが来るということになります。ここで凍えてしまわなければ、一陽来復も期しえられるでしょうが」（四頁）と書いているからである。そう書いてからまさに六十年後の日本に私たちは暮らしている。

　そして、岡の予言の通り、今の日本は「ちょっと乗りこせそうもない、きびしい寒さ」

のうちにある。それは、岡が「そちらへ向かってはならない」と強く警告を発したまさにその方向に向って、日本人が脇目もふらずに突っ込んでいったということを意味している。私たち日本人がもはや容易には「一陽来復」を期し得ないほどにまで「悪道」の深みに入り込んでしまっているということを意味している。「いったん、そのどろ沼に足を入れると、ずるずる、ずるずる、と引きこまれて、踏みとどまりようがない。底なし」の悪道にまさに私たちは引きずりこまれつつある（一六四―五頁）。

修羅《しゅら》道、畜生道、餓鬼道、地獄道という「四悪道」というのは仏教の用語だが、岡はそれを現代生活の営みに適用して論じている。「修羅道」とは岡の定義によれば「衝動的判断」のことである。別のところでは「名誉欲」とも、あるいは「上《かみ》におもねり下《しも》に威張る」「多数におもねり小数に威張る」ことだとも定義している。自他のかかわりをつねに競争としてとらえ、人の失点を自動的に自分の得点にカウントし、人が失墜するとわがことのように喜ぶ態度のことである。

教育について論じた章において、岡は知性の十分に発達していない段階で、他人をあれこれと「批判」させることは「修羅の行為」だと書いている。

「あれは、人の欠点を見いだして、そして全体を否定するというやり方で、これは明らかに衝動的判断です。つまり、修羅の行為をさせているのです。／修羅の行為のうちでも、

とくに悪質なものです。」（一六七頁）

現代人は切れ味の良い批評をすぐれた知性の証《あかし》だとみなし、「寸鉄人を刺す」ような言説をよろこぶ。けれども、ただ一方的に相手を傷つけ、返す言葉を探す暇《いとま》さえ与えないというタイプの論争家を見ると、私たちは何となく暗い気分になる。

ネット上に匿名で行き交う罵倒《ばとう》や呪詛《じゅそ》の言葉の類はその最も病的な現れである。そこには人の立論のわずかな瑕疵《かし》を咎《とが》め、それによって「全体を否定する」というまさにその風儀が横溢《おういつ》している。見ていて悲しいのは、そのような批判にさらされた人たちもまたしばしば自分を撃った言葉の片言隻句をとりあげて、論争相手の「全体を否定する」という挙に出ることである。語られている言説の内容は対立しているにもかかわらず、語り口は共通している。ともどもに深々と「修羅」の徴《しるし》が刻み込まれている。

私事にわたるが、私は誰からどのような論争を挑まれても、決して反論しないことにしている。相手が正しい場合はその指摘に従って素直に自説を撤回する（当たり前である）。相手が間違っている（と思う）場合でも、とくに相手の論の破綻《はたん》をあげつらうことはしない。一つには、それはあくまで相手が間違っていると私が思っているだけのことであって、私念は私念である限り一般性を要求できないからである。彼我のいずれに理があるかを判定するのは、論争の当事者たちではなく、その言論が行き交う「場」である。私はすでに私の意見を述べた、反論者もかれの意見を述べた。だとすれば、あとは「場」に判定を委ねるしかない。私はそう考えている。言葉が足りなかったからあとから付け足すとか、誤解を招く表現だったからあとから言い換えるとか、そういうのは「なし」である。言葉が足りないまま、誤解を招きそうなまま「場」に差し出したのは論争当事者の責任である。もしそういうことをしたのだとしたら、それはかれが「場」を軽んじていたからである。「場」を軽んじる者にはたぶん「場に判定を委ねる」という発想自体がはじめからないのだと思う。派手な論争を展開して、相手をこてんぱんにやっつけなければ済まないという人がいる（たくさんいる）が、たぶんかれらは、実は言論が行き交う「場」そのものには、論争者のいずれに理があるかを判定する能力がないと思っている。「場」の判断力を信じていないからこそ、ことさらおおげさに冷笑してみたり、嘲《あざけ》ってみたり、罵倒してみたりする。演劇的にふるまってみせるのは、そうしなければ舞台で何が起きているのか観客には分かるまいと思っているからである。

私が論争を忌避してきたのは、場の判定力を信じるからである。派手に相手を打ち負かしてみなくても、長期的には集団の叡智《えいち》がいずれ確かな判定を下してくれるだろうと思っているからである。

これまではそういう言い方で自分の「論争しない傾向」を私は説明してきた。けれども、岡潔を読んでそれにもう一つ、もっと深い理由があると教えてもらった。それは「人の欠点を見いだして、そして全体を否定するというやり方」は「修羅の行為」だということである。岡はさきの引用にこう続けている。

「そんなふうにしていると、人の長所がわからなくなってしまい、また、欠点に対する厭《えん》悪感《おかん》が増大します。人の長所がわからず短所に対する厭悪感の強いのを小人といい、人の長所がよくわかり短所に寛大なのを君子といいます。そして、古人は、君子をつくり小人をつくらないのを教育の根本方針としていたのです。」（一六七頁、強調は内田、以下同じ）

この言葉に私は胸を衝かれた。なるほど、そうなのか。人のわずかな欠点や失策をうるさくあげつらい、瑕疵を見つけると鬼の首でも取ったように勝ち誇る人たちというのは、あれは「小人」だったのか。問題はことの当否や善悪のレベルにではなく、「君子か小人か」というレベルにあったのである。岡にそれを教えてもらって、すとんと腑《ふ》に落ちた。

「小人」は「悪人」のことではない。成長できない人のことである。

「いまは、小学校の最初から批判などさせる結果、乾いた土が水を吸うように新しい知識を受け入れるのが望ましい時期にもかかわらず、中学生の多くが、自分の知っていることでなければ素直に受け入れようとしません。」（一六八頁）

まさにその通りだ。小人は自分の知っていることでなければ知ろうとしない。自分がすでに知っていることを水平方向に、量的に拡大することしかできない。かれらは自分が何を知っていて、何を知らないのかについて、今の自分の立ち位置とは違う想像的な視座から俯瞰的に見下ろすことができない。自分が何を知らないのか、何ができないのかについて知ることができなければ、それを言葉にできなければ、人は向上のしようがない。

自らの成長を自ら阻止するふるまいが小人を小人たらしめている。岡はその理路をこう語る。

「これでは向上のしようがない。／人の心のあたたかさも感じられない。／人の心のあたたかさというものは、悦びの光が人の心というものを通してさすのですから、その光がささなくなるような教育は絶対にやめなければいけないのです。」（同）

修羅とは冷血のことである。残忍とまでは行かずとも、辛辣《しんらつ》な言葉を弄《ろう》し、人の心身が弱ることを意に介さない冷心の人は、そうやって自分の成長を自分で止めてしまう。「人に勝ちたい」という衝動的判断が人を修羅道に導く。修羅道は「タフな世界」というだけで、それ自体が地獄であるわけではないけれど、それはまっすぐ地獄へ向かう道筋である。

にもかかわらず、私たちの社会は、家庭でも学校でも、子どもたちを「人に勝ちたい」という衝動的判断によって動くように教育している。いわば「修羅道」に生きるノウハウを教えている。というのは、現代の学校教育の最優先目的は競争に勝つことだからである。競争に勝って、高い格付けを得て、権力、財貨、栄誉など社会資源の分配において優位に立つこと、それを親たちも教師たちも子どもに求めている。教育全体が「競争に勝つためにどうすればよいのか」という課題に焦点化している。教育の目的として「君子の育成」を掲げている人に私自身は会ったことがない。少なくとも文科省の掲げる「グローバル人材育成戦略」というような文書のうちにはその語は出てこない。「君子」だけでなく、「市民」も「成熟」も「大人」も出てこない。学校教育は教育官僚たちの脳内では工場でカンヅメを作る工程と同じようなものとして思い描かれているのだろう。知識と技術とを定められた量だけ詰め込めば「製品」ができる。詰め込まれる量は詰め込む時間と、詰め込むための圧力に比例する。たぶん、そう思っている。

「いまの義務教育のやり方を見ると、知能というものを、まるでバケツに水をくみこむようにたまっていくものだ、時間がたつほど余計にたまる、たまる分量は時間に比例して多くなっていく、こんなふうなむちゃともなんともいいようのない仮定を暗々裡《り》において、すべてそれに基づいてやっているのではないかと思います。」（八八頁）

岡は、人間の知能を「バケツ」、知識や情報を「水」に喩えるような機械論的な考え方を否定する。そんなことは自分自身の知的成長過程を顧みれば、誰でもわかるはずだ。人間の知性は生成的で可塑的なものである。知性のどの機能や領域がいつ、どのように発達するかには「ずれ」があり、「ばらつき」があり、遅速濃淡の差がある。だから、ある種の知的能力が劇的に成長するときに、それが求める滋養を選択的に与えるのが最も合理的な教育法である。でも、ことはそれほど簡単にはゆかない。というのは、どの能力やどの機能が、いつ「乾いた砂が水を吸う」ように活性化するかは予見できないからである。

三十五年間教育者として教壇で過ごしてきた私の立場からすると、岡の「何歳のときに何を教えるべきか」という経時的なプログラムについては大筋はその通りと思うが、細部については「そこまで厳密には規定できないのでは……」という保留をつけておきたい。

経験的に言って、どの子どもがいつどのようなきっかけでどういう知的能力を劇的に開花させるかは予見不能である。高校を出るまでほとんど本を読まなかった少年が、大学に入ってから猛然と読書を始めて、文学研究者になったというケースを私は知っている。高校を出るまで学校体育が大の苦手だった少女が、大学生になってから武道の面白さに目覚め、武道家の専門家になったというケースも知っている。どういう資質がいつ開花し、活性化するかは誰にもわからない。わからないからこそ、小学校・中学校・高校と十二年間かけて、同じような教科内容を（多少難度を上げながら）三回繰り返して教えるということが行われているのだと私は思っている。どの段階で知的関心が起動しても手遅れにならなないように、十二年間で三回繰り返すのである。地理も歴史も理科も算数も、ほんとうに効率的に教えようと思ったら、ある学年で教えたことは「もう済んだから」と二度と教えないでよいはずである。でも、そんなことをしたらたぶんほとんどの子どもが学校教育から脱落してしまうだろう。それくらいのことは誰もが経験的にわかっているのである（口にしないだけで）。だから、どの分野についての学習意欲がいつ起動してもいいように反復的にプログラムを設計しておく方が、ある学齢で教えたことは二度と復習させないという「効率的」な仕組みよりも実は教育的には実効的なのである。

問題はある時点で自発的に発動する「意欲」なのである。これについては岡の次の言葉に私は全幅の同意を寄せる。

「教育は、意欲のほうに目をつけてすることだと思います。／意欲をおこさせるというふうに教えることです。」（一四二頁）

どうすれば意欲は起るのか。

「理想をあたえるのがよろしい。理想は高いほどよろしい。しかも、いろいろな理想をあたえなければいけない。そのあたえ方はいろいろありましょう。／たとえば理想の人をあたえます。／これも、大勢あたえたら、そのうちどれかひとり取ります。／それから、たとえば感激しそうなことをあたえます。／これもたくさんあたえる。そうすると、身に合ったものを取って感激します。／あるいは、感銘しそうなものをあたえる。これも、いろいろあたえますと、そのうちから、やはり身に合ったものを一つ取って感銘します。」（一四二―三頁）

　わかりそうでわかりにくいことが書いてある。でも、キーワードははっきりしている。それは「いろいろ」と「身に合う」である。これは私自身の教育実践の経験則とまったく一致する。

　学校は子どもたちの前に「いろいろなもの」を差し出す。子どもたちはその選択肢の中から「身に合うもの」を一つ取る。学校教育というのは煎《せん》じ詰めるとそれだけのことである。

　私自身はある時期まで「完全な教師」になることを夢見ていた（図々しい夢だが）。十人学生がいたら、十人が十人とも私の講義に耳を傾け、私の意図を理解し、私の差し出す手をつかんで、一気に知的開花を遂げるような教師に憧れていた。けれども、二十年くらい教師をしたところで、それが不可能であるばかりかむしろ有害な野心であることに気づいた。教育というのはひとりでする仕事ではない。「いろいろな」教師たちの「いろいろな」教育方法、教育理念との対立や葛藤や協働を通じてはじめて成り立つものである。あるときに、そのことに気づいた。

「いろいろな教師たち」に含まれるのは同時期に同じ学校で教壇に立っている同僚たちだけではない。子どもたちをかつて教えた教師たちも（中にはもう死んでしまった教師もいる）、これから教えることになる教師たちも（中にはまだ生まれていない教師もいる）、そこには含まれる。その無数の人々との教育は協働作業なのだ。私が教えきれなかった知識や技術、私が開発させられなかった資質、私が見落としてしまった可能性、すべての教え子たちのうちには、そういう「手つかず」のものが埋蔵資源として豊かに残されている。それで当然なのだ。教師は教え子の潜在可能性の全部を自分ひとりの手で開発できなかったことを悔やむべきではない。私は私の仕事をしたのである。私のした仕事の多くはすでに私に先行する教師たちが「下ごしらえ」しておいてくれたものを私が受け継いだのである。だから、同じように、私がし残した仕事は次の教師に「ある程度の下ごしらえだけはしておきました」と申し送ればいい。教育とは集団で行うものである。教授団（ファカルティ）という言葉があるが、教育の主体は複数形なのである。複数の教育主体が差し出す教育的手がかりのうちから、子どもは「身に合ったものをひとつ」取ればいい。たいせつなのは「身に合う」のか「身に合わない」のかを識別する力を子どもたちが持っていることである。

「身に合う」というのは、言葉は簡単だが、具体的にどういう選択や判定のプロセスを言うのかを説明するのはむずかしい。でも、「身に合う」は言い得て妙だ。「身に合う」は「好き」ということではない。「理解できる」とか「評価できる」ということでもない。「良い」でもないし、「正しい」でもない。まさに「身に合う」のである。自分が今成し遂げようとして心身の成長のために何が必要なのかは、自分でわかるし、自分にしかわからない。励ましが必要な場合もあるし、命令が必要な場合もあるし、保護が必要な場合もあるし、厳しい規律が必要な場合もある。自分の成熟のために必要なものを人間は直感できる。それが直感できないのは、岡の言葉を借りて言えば、修羅道に落ちてしまったからである。競争的環境における格付けによってしか、自分が何ものであるかを知り得なくなってしまったからである。単一の「ものさし」に自他をあてはめて、相対的な強弱勝敗優劣を競っている限り、何が自分の「身に合う」ものであるかはわからない。「身に合う」とは自分だけに適用できる、そのときにだけ使える、オリジナルな「ものさし」によってわが身を衡量してはじめてわかることだからである。

私が自分の道場である凱風館で行っている教育は一言に尽くせば、この「身に合う」という感覚の開発である。自分の心身をていねいに精密にモニターする技術知を習得することである。おのれの心身のどこに詰まりがあるか、強ばりがあるか、痛みがあるか、淀みがあるか、それをひとつひとつ点検し、解きほぐし、痛みを和らげ、淀みを通し、風通しの良い、「良導体」に仕上げてゆくのである。人知を超えるものはそのような調えられた心身を通してしか発現することがない。人間ひとりひとりの成熟は、その風の通り道、流れの筋目に沿ってしか果されない。

岡潔の教育論は現代の教育行政官僚や教育学者がまず絶対に口にしないような人間的叡智に満たされている。私がこの解説で触れたのは、ほんのその一端に過ぎない。この本はときどき偶然開いた頁から読み返すような読み方が似つかわしいと思う。自分の心に残った言葉を手帖に書きとめたり、紙に書き写して机上に掲げたりして眺めているうちにしだいに心身にしみ込んでくる、そういう知見に満たされている。読者のみなさんにはぜひそういう読み方を試みて頂きたいと思う。

二〇一六年　初春

本書は一九六四年四月に刊行された講談社現代新書を文庫化したものです。

風蘭《ふうらん》

岡《おか》　潔《きよし》

平成28年　2月25日　初版発行
令和7年　6月10日　14版発行

発行者●山下直久

発行●株式会社KADOKAWA
〒102-8177　東京都千代田区富士見2-13-3
電話　0570-002-301（ナビダイヤル）

角川文庫　19629

印刷所●株式会社KADOKAWA
製本所●株式会社KADOKAWA

表紙画●和田三造

◎本書の無断複製（コピー、スキャン、デジタル化等）並びに無断複製物の譲渡および配信は、著作権法上での例外を除き禁じられています。また、本書を代行業者等の第三者に依頼して複製する行為は、たとえ個人や家庭内での利用であっても一切認められておりません。
◎定価はカバーに表示してあります。

●お問い合わせ
https://www.kadokawa.co.jp/（「お問い合わせ」へお進みください）
※内容によっては、お答えできない場合があります。
※サポートは日本国内のみとさせていただきます。
※Japanese text only

©Hiroya Oka 1964, 2016　Printed in Japan

ISBN978-4-04-400125-4　C0195

角川文庫発刊に際して

角川源義

第二次世界大戦の敗北は、軍事力の敗北であった以上に、私たちの若い文化力の敗退であった。私たちの文化が戦争に対して如何に無力であり、単なるあだ花に過ぎなかったかを、私たちは身を以て体験し痛感した。西洋近代文化の摂取にとって、明治以後八十年の歳月は決して短かすぎたとは言えない。にもかかわらず、近代文化の伝統を確立し、自由な批判と柔軟な良識に富む文化層として自らを形成することに私たちは失敗して来た。そしてこれは、各層への文化の普及滲透を任務とする出版人の責任でもあった。

一九四五年以来、私たちは再び振出しに戻り、第一歩から踏み出すことを余儀なくされた。これは大きな不幸ではあるが、反面、これまでの混沌・未熟・歪曲の中にあった我が国の文化に秩序と確たる基礎を齎らすためには絶好の機会でもある。角川書店は、このような祖国の文化的危機にあたり、微力をも顧みず再建の礎石たるべき抱負と決意とをもって出発したが、ここに創立以来の念願を果すべく角川文庫を発刊する。これまで刊行されたあらゆる全集叢書文庫類の長所と短所とを検討し、古今東西の不朽の典籍を、良心的編集のもとに、廉価に、そして書架にふさわしい美本として、多くのひとびとに提供しようとする。しかし私たちは徒らに百科全書的な知識のジレッタントを作ることを目的とせず、あくまで祖国の文化に秩序と再建への道を示し、この文庫を角川書店の栄ある事業として、今後永久に継続発展せしめ、学芸と教養との殿堂として大成せんことを期したい。多くの読書子の愛情ある忠言と支持とによって、この希望と抱負とを完遂せしめられんことを願う。

一九四九年五月三日

角川ソフィア文庫ベストセラー

春宵十話　岡　潔

「人の中心は情緒である」。天才的数学者でありながら、思想家として多くの名随筆を遺した岡潔。戦後の西欧化が急速に進む中、伝統に培われた日本人の叡智が失われると警笛を鳴らした代表作。解説・中沢新一

春風夏雨　岡　潔

「生命というのは、ひっきょうメロディーにほかならない。日本ふうにいえば〝しらべ〟なのである」――科学から芸術や学問まで、岡の縦横無尽な思考の豊かさを堪能できる名著。解説：茂木健一郎

夜雨の声　岡　潔　編／山折哲雄

世界的数学者でありながら、哲学、宗教、教育にも洞察を深めた岡潔。数々の名随筆の中から科学と宗教、日本文化に関するものを厳選。最晩年の作「夜雨の声」ほか貴重な作品を多数収録。解説／編・山折哲雄。

青春論　亀井勝一郎

青春は第二の誕生日である。友情と恋愛に対峙する「沈黙」のなかで「秘めごと」として自らの精神を育てなければならない――。新鮮なアフォリズムに満ち生きることへの熱情に貫かれた名随筆。解説・池内紀。

文学とは何か　加藤周一

詩とは何か、美とは何か、人間とは何か――。後年、戦後民主主義を代表する知識人となる若き著者が果敢に挑む日本文化論。世界的視野から古代と現代を縦横に行き来し、思索を広げる初期作品。解説・池澤夏樹。

角川ソフィア文庫ベストセラー

陰翳礼讃
谷崎潤一郎

陰翳によって生かされる美こそ日本の伝統美であると説いた「陰翳礼讃」。世界中で読まれている谷崎の代表的名随筆をはじめ、紙、厠、器、食、衣服、文学、旅など日本の伝統に関する随筆集。解説・井上章一

恋愛及び色情
谷崎潤一郎
編／山折哲雄

表題作のほかに、自身の恋愛観を述べた「父となりて」「私の初恋」、関東大震災後の都市復興について書いた「東京をおもう」など、谷崎の女性観や美意識について述べた随筆を厳選。解説／編・山折哲雄

正法眼蔵入門
頼住光子

固定化された自己を手放せ。そのとき私は悟り、世界が目覚める。それこそが「有時」、生きてある時の経験なのだ。『正法眼蔵』全八七巻の核心を、存在・認識・言語という哲学的視点から鮮やかに読み解く。

仏教の思想 1
知恵と慈悲〈ブッダ〉
増谷文雄
梅原猛

インドに生まれ、中国を経て日本に渡ってきた仏教。多様な思想を蔵する仏教の核心を、源流ブッダに立ち返って解明。知恵と慈悲の思想が持つ現代的意義を、ギリシア哲学とキリスト教思想との対比を通じて探る。

仏教の思想 2
存在の分析〈アビダルマ〉
櫻部建
上山春平

ブッダ出現以来、千年の間にインドで展開された仏教思想。読解の鍵となる思想体系「アビダルマ」とは？ ヴァスバンドゥ（世親）の『アビダルマ・コーシャ』を取り上げ、仏教思想の哲学的側面を捉えなおす。

角川ソフィア文庫ベストセラー

仏教の思想 3
空の論理〈中観〉

梶山雄一
上山春平

『中論』において「あらゆる存在は空である」と説き、論理全体を究極的に否定して根源に潜む神秘主義を肯定したナーガールジュナ（龍樹）。インド大乗仏教思想の源泉のひとつ、中観派の思想の核心を読み解く。

仏教の思想 4
認識と超越〈唯識〉

服部正明
上山春平

アサンガ(無着)やヴァスバンドゥ(世親)によって体系化の緒につき、日本仏教の出発点ともなった「唯識」。仏教思想のもっとも成熟した姿とされ、ヨーガとも深い関わりをもつ唯識思想の本質を浮き彫りにする。

仏教の思想 5
絶対の真理〈天台〉

田村芳朗
梅原猛

六世紀中国における仏教哲学の頂点、天台教学。法然・道元・日蓮・親鸞など鎌倉仏教の創始者たちは、最澄が開宗した日本天台に発する。豊かな宇宙観を湛える、天台教学の哲理と日本の天台本覚思想を解明する。

仏教の思想 6
無限の世界観〈華厳〉

鎌田茂雄
上山春平

律令国家をめざす飛鳥・奈良時代の日本に影響を与えた華厳宗の思想とは？　大乗仏教最大巨篇の一つ『華厳経』に基づき、唐代の中国で開花した華厳宗の複雑な教義をやさしく解説。その現代的意義を考察する。

仏教の思想 7
無の探求〈中国禅〉

柳田聖山
梅原猛

『臨済録』などの禅語録が伝える「自由な仏性」を輝かせる偉大な個性の記録を精読。「絶対無の論理」や「禅問答」的な難解な解釈を排し、「安楽に生きる知恵」という観点で禅思想の斬新な読解を展開する。

角川ソフィア文庫ベストセラー

仏教の思想 8
不安と欣求〈中国浄土〉

塚本善隆
梅原　猛

日本の浄土思想の源、中国浄土教。法然、親鸞の魂を震撼し、日本に浄土教宗派を誕生させた善導の魅力、そして中国浄土教の基礎を創った曇鸞のユートピア構想とは？　浄土思想がもつ人間存在への洞察を考察。

仏教の思想 9
生命の海〈空海〉

宮坂宥勝
梅原　猛

「弘法さん」「お大師さん」と愛称され、親しまれる弘法大師、空海。生命を力強く肯定した日本を代表する宗教家の生涯と思想を見直し、真言密教の「生命の思想」「森の思想」「曼荼羅の思想」の真価を現代に問う。

仏教の思想 10
絶望と歓喜〈親鸞〉

増谷文雄
梅原　猛

親鸞思想の核心とは何か？『歎異抄』と「悪人正機説」にのみ依拠する親鸞像を排し、主著『教行信証』を軸に、親鸞が挫折と絶望の九〇年の生涯で創造した「生の浄土教」、そして「歓喜の信仰」を捉えなおす。

仏教の思想 11
古仏のまねび〈道元〉

高崎直道
梅原　猛

日本の仏教史上、稀にみる偉大な思想体系を残した禅僧、道元。その思想が余すところなく展開された正伝仏法の宝蔵『正法眼蔵』を、仏教思想全体の中で解明。大乗仏教思想の集大成者としての道元像を提示する。

仏教の思想 12
永遠のいのち〈日蓮〉

紀野一義
梅原　猛

「古代仏教へ帰れ」と価値の復興をとなえた日蓮。永遠のいのちを説く「久遠実成」、宮沢賢治に数多の童話を書かせた「山川草木悉皆成仏」の思想など、日蓮の生命論と自然観が持つ現代的な意義を解き明かす。